全国技工院校市场营销专业任务驱动型教材（高级技能层级）
全国高等职业学校市场营销专业教材

SHICHANGDIAOCHA YUYUCE

市场调查与预测

主　编：金　焕
主　审：王　川

中国劳动社会保障出版社

图书在版编目（CIP）数据

市场调查与预测/金焕主编. -- 北京：中国劳动社会保障出版社，2018
全国技工院校市场营销专业任务驱动型教材. 高级技能层级　全国高等职业学校市场营销专业教材
ISBN 978-7-5167-3675-3

Ⅰ.①市…　Ⅱ.①金…　Ⅲ.①市场调查-高等职业教育-教材②市场预测-高等职业教育-教材　Ⅳ.①F713.52

中国版本图书馆 CIP 数据核字（2018）第 205596 号

中国劳动社会保障出版社出版发行
（北京市惠新东街 1 号　邮政编码：100029）
*
北京市科星印刷有限责任公司印刷装订　　新华书店经销
787 毫米×1092 毫米　16 开本　7.75 印张　159 千字
2018 年 9 月第 1 版　　2024 年12月第 6 次印刷
定价：17.00 元

营销中心电话：400-606-6496
出版社网址：http://www.class.com.cn
http://jg.class.com.cn

简介

本书为国家级职业教育规划教材，适用于全国技工院校市场营销专业（高级技能层级）和全国高等职业学校市场营销专业，由人力资源社会保障部教材办公室组织编写。

教材从营销人员必备的市场调查与市场预测知识入手，分上、下两篇分别讲解了市场调查与市场预测的步骤、方法，具体内容包括：认识市场调查、市场调查的准备、市场调查的实施、市场调查报告的撰写、认识市场预测、定性预测方法的运用、定量预测方法的运用等。教材采用“任务驱动型”编写思路，使学生在具体的任务情境中体会市场调查和市场预测方法的应用，以培养学生实际处理市场调查与市场预测问题的能力。

教材配有配套的电子课件，可通过职业教育教学资源和数字学习中心（http://zyjy.class.com.cn）免费下载。

本书由金焕任主编，萧琳任副主编，郝晗、林萌菲参加编写，王川任主审。

简介

目录 CONTENTS

上篇　市场调查

下篇　市场预测

上篇　市场调查

模块一　认识市场调查

知识目标

- 了解市场调查的含义、特征与原则
- 掌握市场调查的要素
- 掌握市场调查的过程

能力目标

- 能够运用市场调查的基本理论和方法
- 能够运用市场调查的理念与思维处理问题

相关知识

一、市场调查的含义

市场调查一般有广义与狭义两种理解。广义的市场调查是从整个市场的角度定义市场调查，认为市场调查是运用科学的方法和手段，收集产品从生产者转移到消费者手中的一切与市场活动有关的数据和资料，并进行分析研究，以满足管理决策的信息需求的过程，如图1—1所示。狭义的市场调查是从市场营销的角度定义市场调查，认为市场调查是以科学的方法和手段，收集消费者对产品购买及其使用的数据、意见、动机等有关资料，通过分析研究，识别、发现市场机会和可能出现的问题，以满足制定营销策略的信息需求的过程。

二、市场调查的特征

1. 目的性

市场调查能够为企业制定战略规划、政策或策略、经营管理决策等提供信息支持。企业通过全面的市场调查，收集相关资料，以及对第一手资料或第二手资料进行分析，可以使管

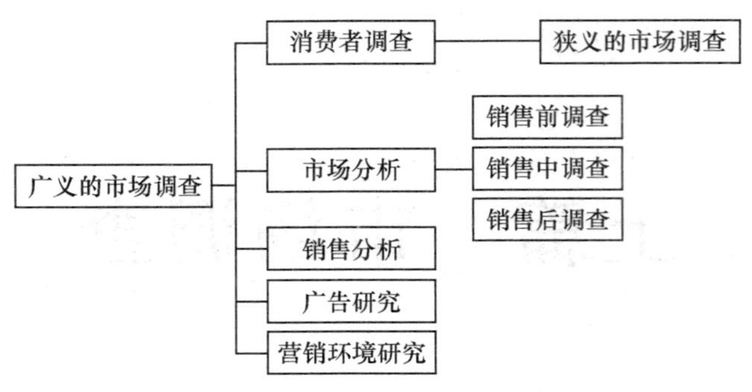

图 1—1　广义的市场调查框架

理决策更加有据可依。

2. 全程性

市场调查是一个系统工程，包括销售前、销售中和销售后的市场调查研究。销售前调查主要是对宏观、微观环境等的调查，如对产品和消费者需求匹配度等的调查；销售中调查主要是对营销战略执行情况的调查，如对产品、渠道、价格和促销情况等的调查；销售后调查主要是对消费者满意度、产品认知度和产品知名度等的调查。

3. 多样性

市场调查的方法具有多样性，包括观察法、问卷调查法、归纳推断法等，在调查中要尽量做到定性与定量研究相结合。定性研究定义调查问题和调查项目，制定假设或确定研究中应包括的变量，从而为定量研究开路，也可解释定量研究所得的结果；定量研究运用统计思维的方法，用数据来认识事物发展变化的数量特征与规律。

4. 约束性

市场调查受调查经费、调查时间和空间、信息项目等因素的约束。例如，在调查之前，应该确定好调查的总预算，在总预算下设计整个调查方案。

5. 科学性

市场调查是通过大量观察以消除偶然性，从而揭示研究现象的必然性。因此，通过市场调查能够掌握市场环境、供求变化和企业的经营状态、特征及其变化的原因，消除人们对市场认识的未知感、不定感和模糊感。

三、市场调查的原则

市场调查的目的是为经营管理决策提供信息支持。为了提高市场调查的效率和信息的质量，市场调查应遵循以下原则，见表 1—1。

表 1—1　市场调查应遵循的原则

原则	具体内容
客观性原则	市场调查的座右铭是“寻求事物的本来状态，说出事物的本来面目”。市场调查必须实事求是，尊重客观事实。调查人员和调查机构应遵守实事求是的职业道德

续表

原则	具体内容
准确性原则	要求获取真实、准确的信息，调查误差应尽可能小，调查数据应真实可靠，调查结果的描述必须明晰准确，不能含糊不清、模棱两可
时效性原则	要求市场调查的信息收集、发送、接收、加工、传递和利用的时间间隔要短，效率要高，只有这样，才能提高市场调查资料的价值
全面性原则	要求调查项目力求齐全，总括性数据与结构性数据齐全，内部信息与外部信息齐全，主体信息与相关信息齐全，横向信息与纵向信息相结合等，以便进行系统的分析和利用
经济性原则	要求选择恰当的调查方式和方法，争取用较少的费用获取较多的调查资料，同时又能满足调查目的和要求
科学性原则	要求采用科学的方法去定义调查问题，界定调查内容与项目，设计调查方案，采集数据，处理、分析数据，为决策部门提供正确的信息

四、市场调查的主体

1. 专业性市场调查机构

专业性市场调查机构主要有综合性市场调查公司、咨询公司和广告公司的调查部门等，具体类型和职能见表 1—2。

表 1—2　　专业性市场调查机构的类型

专业性市场调查机构	主要职能	举例
综合性市场调查公司	这类公司专门收集各种市场信息，当有关单位和企业需要时，只需交纳一定费用，就可随时获得所需资料。同时，这类公司也承接各种调查委托，具有涉及面广、综合性强的特点	AC 尼尔森市场研究公司 中国盖洛普咨询有限公司 华南国际市场研究有限公司
咨询公司	这类公司一般是由资深的专家、学者和有丰富实践经验的人员组成，为企业充当顾问。这类公司在为委托方进行咨询时，也要进行市场调查，对企业的咨询目标进行可行性分析。同时，这类公司也可接受企业的委托，代理或参与调查设计和具体调查工作	麦肯锡咨询公司 罗兰・贝格国际管理咨询公司 科尔尼管理咨询公司
广告公司的调查部门	广告公司为了制作出打动人心的广告，取得良好的广告效果，就要对市场环境和消费者进行调查。广告公司大都设立调查部门，承接市场调查工作	盛世长城 国际广告有限公司 奥美集团

2. 市场调查人员

专业市场调查公司的岗位分工往往非常细致，常常设置公司研究总监、项目经理、研究员、研究助理、现场数据经理、督导员、调查员、录入员、质检员等各种专门角色。一个市场调查团队中，下列三种角色是必不可少的。

（1）研究员

研究员主要负责根据调查目的，设计研究方案、编制问卷、进行数据分析并撰写报告等工作。在市场调查公司中，往往需要经过研究助理、项目经理等多个角色的实践，才能成为一名合格的研究员。

（2）调查员

调查员主要负责各种类型调查项目的资料收集工作，以收集原始资料为职责，对被调查者进行访问。资料收集是市场研究中最基础、最关键的环节，调查员的工作质量是保证调查项目成功的关键。

（3）督导员

督导员负责调查员的培训、指导工作，并且负责问卷的回收与检查工作，以提高数据收集的质量。督导员往往由富有责任感和实践经验的调查员担任。

五、市场调查的内容

市场调查的内容可分为两大类，即宏观环境调查和微观环境调查。宏观环境调查是指对影响企业营销活动的不可控制的外部力量的调查，包括政治法律环境调查、经济环境调查、社会文化环境调查和技术环境调查。微观环境调查是指对企业营销活动发生直接影响的组织和力量的调查，包括消费者购买动机调查、企业营销活动调查和竞争对手状况调查。市场调查的主要内容如图 1—2 所示。

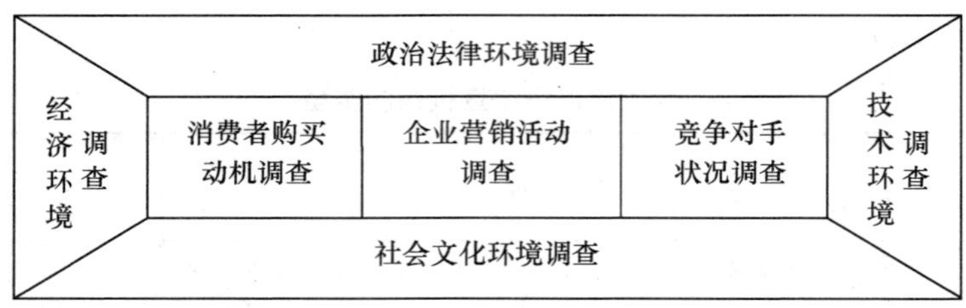

图 1—2　市场调查的主要内容

1. 市场宏观环境调查内容

（1）政治法律环境调查

政治环境主要包括政治制度与体制、政治局势、政府的态度等；法律环境主要包括政府制定的法律、法规等。

（2）经济环境调查

构成经济环境的关键战略要素包括 GDP（国内生产总值）、利率水平、财政货币政策、通货膨胀率、失业率水平、居民可支配收入水平、汇率、能源供给成本、市场机制、市场需求等。

（3）社会文化环境调查

社会文化环境中影响最大的是人口环境和文化背景。人口环境主要包括人口规模、年龄结构、人口分布、种族结构以及收入分布等因素。

（4）技术环境调查

技术环境不仅包括发明，而且还包括与企业市场有关的新技术、新工艺、新材料的出现和发展趋势以及应用背景。

2. 市场微观环境调查内容

（1）消费者购买动机调查

购买动机就是为满足一定的需要，而引起人们购买行为的愿望和意念。消费者的购买动机常常是由那些最紧迫的需要决定的，企业要注重调查消费者的主要购买动机，并运用相应的手段诱发其产生购买动机。

消费者购买行为是消费者购买动机在实际购买过程中的具体表现，主要表现在求实、求新、求异、求美、求廉、求优、求速、从众、模仿、减少风险和追求健康舒适等。消费者购买行为调查就是对消费者购买模式和习惯的调查，即通常所讲的“3W1H”调查，即了解消费者何时购买（When）、何处购买（Where）、由谁购买（Who）和如何购买（How）等情况。

（2）竞争对手状况调查

对竞争对手状况调查的内容主要包括：有没有直接或间接的竞争对手，竞争对手的所在地和活动范围，竞争对手的生产经营规模和资金状况，竞争对手生产经营商品的品种、质量、价格、服务方式及在消费者中的声誉和形象，竞争对手技术水平和新产品开发经营情况，竞争对手的销售渠道，竞争对手的宣传手段、广告策略，竞争对手的市场占有率、市场覆盖面，潜在竞争对手状况等。

（3）企业营销活动调查

1）产品调查。产品调查的内容包括：产品性能，产品的规格、型号、式样、颜色和口味，产品制作材料，产品包装，产品销售量及销售增长率等。

2）价格调查。价格调查的内容包括：国家对产品价格的具体规定，企业产品定价是否合理，消费者对价格接受程度，消费者价格心理状态，商品需求和供给的价格弹性等。

3）销售渠道调查。销售渠道调查的内容包括：企业现有销售渠道状况，销售渠道中各个环节商品库存的合理性，销售渠道中每一个环节对商品销售提供的支持，市场上存在经销某种或某类商品的权威性机构情况，市场上经营本商品的主要中间商对经销本商品的要求等。

4）促销调查。促销调查的内容包括：促销活动的创新性，消费者对促销活动的接受程度，广告效果与投入比例，在吸引消费者、争取潜在消费者方面发挥的作用等。

六、市场调查的过程

市场调查的过程是指从调查策划到调查结束的全过程及其作业程序。由于市场调查的课题不同，其具体的调查过程和作业程序不可能完全一致，但一般包括以下三大阶段和六个步骤，如图 1—3 所示。

第一阶段：市场调查的准备阶段。这一阶段的主要任务是编制市场调查方案、设计市场调查问卷，对即将开展的市场调查有一个定性的认识。

第二阶段：市场调查的实施阶段。这一阶段的主要任务是确定市场调查的方式、方法，开展实地调查，并对调查资料进行整理与分析。在调查过程中，要尽量做到定性和定量研究

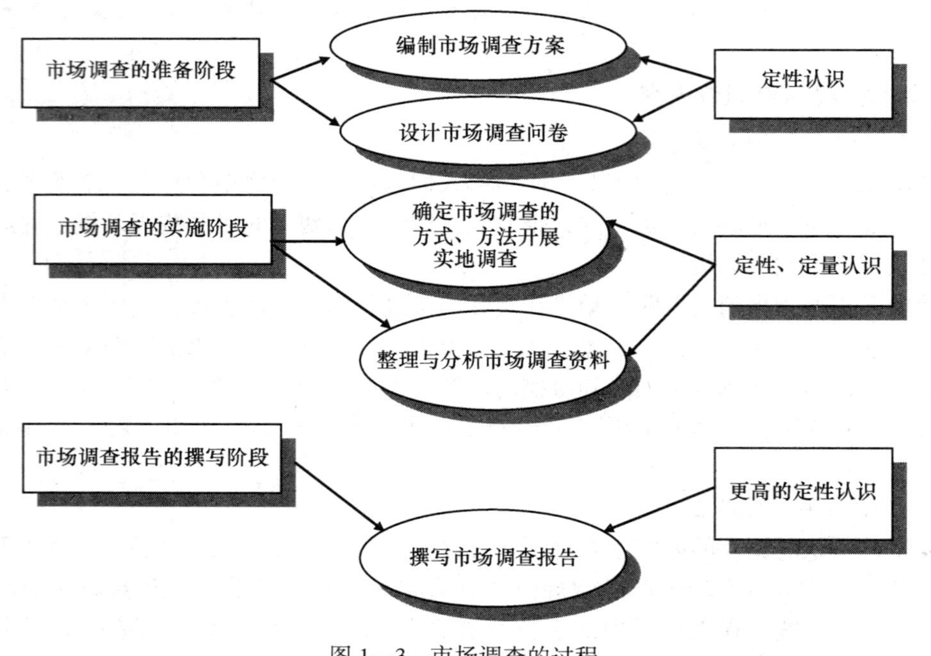

图 1—3　市场调查的过程

相结合。

第三阶段：市场调查报告的撰写阶段。这一阶段的主要任务是根据调查资料撰写市场调查报告，使调查结果为企业做出经营决策提供依据。

七、市场调查与市场预测的关系

市场调查是指用科学的方法，有目的且成系统地收集、记录、整理和分析市场情况，了解市场的现状及其发展趋势，为企业制定政策、进行市场预测、做出经营决策、制订计划等提供客观且正确的依据。市场预测是指在市场调查获得的各种信息和资料的基础上，通过分析研究，运用科学的预测技术和方法，对市场未来的商品供求趋势、影响因素及其变化规律所做的分析和推断过程。市场调查与市场预测的联系和区别如下。

1. 市场调查和市场预测的联系

市场调查可以为市场预测提供研究方向，为市场预测提供信息，丰富和充实市场预测技术。市场预测的结论可用市场调查来验证和修订。

2. 市场调查与市场预测的区别

（1）着眼点不同

市场调查着眼于过去和现在，是对已发生过的实际情况的调查与了解。市场预测着眼于未来，是对未来不确定的市场发展趋势的推测。

（2）准确度的要求不同

市场调查主要取得已发生的市场发展的历史和现实资料，为分析市场发展动态、进行预测和决策提供依据。因此，市场调查资料要求准确、可靠，尽可能地反映市场发展演进的本来面目。市场预测是对尚未发生的未来市场发展前景的预计和推测，而未来市场的变化受多种可控和不可控、可测和不可测因素的影响，具有不确定性。因此，不可能要求百分之百地准确估计未来市场的发展状况，市场预测不可避免地存在着一定的误差，预测者应力求将预测误差控制在一定的范围之内。

（3）使用的方法不同

市场调查通过观察、实验、询问等方法取得第一手资料；通过查阅、交换、购买、咨询等方法取得第二手资料；通过审核、分类、编号、统计等方法对资料进行整理、储存和分析，得出调查结论。市场预测是运用定性、定量的方法，通过对调查资料的分析和研究，找出市场运行的规律性，预测市场的发展趋势。

思考题

1. 市场调查的基本程序是什么？
2. 简述市场调查与市场预测的关系。

模块二　市场调查的准备

任务 1　编制市场调查方案

知识目标

- 掌握市场调查方案的定义
- 掌握市场调查方案的基本结构
- 掌握市场调查方案的撰写程序及方案评估方法

能力目标

- 能够运用相关知识，根据调查内容撰写一份市场调查方案

任务引入

2017 年，A 凉茶公司计划对珠海某高校大学生凉茶市场进行一次有针对性的调查，了解珠海某高校大学生的凉茶市场需求，借此确定是否在该高校开设凉茶铺。假如你是此次市场调查的负责人，该如何编制相应的市场调查方案？

任务分析

编制市场调查方案是开展市场调查的基础。我们可以认为市场调查方案相当于建筑蓝图，在蓝图上，建筑设计方案可以清楚地描绘出建筑物的整体结构，并详述完成该项目的计划和方法。同样，市场调查方案也提供了这样一份蓝图，以帮助调查人员运用最有效的资料收集和分析技术，获得所需信息。A 凉茶公司为了了解珠海某高校大学生凉茶市场情况，首先应该明确什么是市场调查方案以及市场调查方案的基本结构。其次，应该明确一份完整的市场调查方案每个部分应该撰写什么内容。再次，应该明确此次市场调查如何安排与组织等。最后，还要对整个市场调查方案进行科学评估。市场调查方案的科学、系统、可行与否在很大程度上决定着市场调查工作的成败。

相关知识

一、市场调查方案的定义

市场调查方案也称市场调查计划书、调查项目计划书、调查项目建议书或调查策划书，是指在调查项目实施之前，根据市场调查的目的和要求，对调查的各个方面和各个阶段所做的通盘考虑和安排。

二、市场调查方案的类型

市场调查是用来帮助解决特定营销问题的，根据调查的功能或目的来划分，可以把市场调查方案分成三种基本类型：探索性市场调查方案、描述性市场调查方案和因果性市场调查方案。探索性市场调查方案主要用于收集初步数据，借以启示研究问题真正性质；描述性市场调查方案是对市场上存在的客观情况如实地加以描述和反映，从中找出各种因素的内在联系；因果性市场调查方案是对市场上出现的各种现象之间的因果关系进行调研，找出问题的原因和结果。

三、市场调查方案的基本结构

市场调查方案是对市场调查工作的整体构想，制定市场调查方案必须在保证满足项目完工的日程要求的前提下，充分考虑各项工作的逻辑顺序、难易程度、调查与预测资源的使用可能性等因素，并考虑到意外情况的出现，留有充分的时间，进行精心设计。

一份完整的市场调查方案通常包括八项内容，具体内容见表 2—1。

表 2—1　　市场调查方案的具体内容

基本结构	内容	注意事项
封面	写清楚市场调查方案的标题、项目组成员、编制时间等基本信息	基本信息的完整性
概要或前言	概述市场调查方案要点	直接写出项目的概况，语言精练
目录	列出各项内容的标题	目录要完整，列出二级目录
背景	描述和调查问题相关的背景	背景描述要切题，切忌大而空
调查目的和意义	描述调查项目要达到的目标、调查项目完成产生的现实意义等	直接指出调查的总体目的，并分点进行阶段性目的描述；意义的描述可以概括来写
调查采用的方式和方法	给出收集资料的类别与方式、调查采用的方法、问卷的类型、实施问卷的方法等	详细写出调查采用的方式和方法
资料分析及结果提供形式	包括资料分析的方法、分析结果的表达形式、是否有阶段性成果的报告、最终报告的形式等	呈现资料整理与分析的过程与结果

续表

基本结构	内容	注意事项
调查进度安排和有关经费开支预算	写出具体的时间安排和具体的经费支出	尽量用图表方式表现
附件	包括设计的问卷、调查表等	将调查涉及的各项资料以附件形式附在文后

四、市场调查方案的设计

市场调查方案是进行市场调查工作的框架和蓝图。设计市场调查方案需要遵循相应的程序，具体设计程序如下。

1. 确定调查目的

确定调查目的是设计市场调查方案首先要解决的问题，只有确定了调查目的，才能确定调查的范围、内容和方法，否则就会列入一些无关紧要的调查项目，漏掉一些重要的调查项目，而无法满足调查的要求。市场调查从总的方面来看，其目的是提供市场信息，研究市场发展和经营决策中的问题，为市场预测和经营决策服务。衡量一个市场调查方案是否科学的标准，主要是看方案的设计是否体现调查目的和要求，是否符合客观实际。确定调查目的，就是明确在市场调查中要解决哪些问题，通过调查要取得什么样的资料，取得这些资料有什么用途等问题。

2. 确定调查对象和调查单位

明确了调查目的之后，就要确定调查对象和调查单位，这主要是为了解决向谁调查和由谁来具体提供资料的问题。

（1）确定调查对象

调查对象是根据调查目的确定的调查研究总体或调查范围，它是调查项目和指标的承担者或载体。调查对象所解决的是向谁调查的问题，它是由某些性质上相同的许多调查单位所组成的。

（2）确定调查单位

调查单位就是所要调查的社会经济现象总体中的个体，即调查对象中的一个个具体单位。例如，为了研究某市各零售企业的经营情况及存在的问题，需要对全市零售企业进行全面调查，那么，该市所有零售企业就是调查对象，每一个零售企业就是调查单位。

可见，确定调查对象和调查单位，就是要根据调查目的，通过对人口、社会特征、心理特征和生活方式、个性、动机、知识、行为、态度和观念等方面进行分析，来确定我们想调查何种人或何种团体。

（3）确定调查对象和调查单位时的注意事项

在确定调查对象和调查单位时，应该注意以下几个问题：

1）由于市场现象具有复杂多变的特点，因此，在许多情况下调查对象也是比较复杂的，必须用科学的理论为指导，严格规定调查对象的含义，并指出其与其他有关现象的界限，以免造成调查登记时由于界限不清而发生差错。例如，以城市职工为调查对象，就应明确职工的含义，划清城市职工与非城市职工、职工与居民等概念的界限。

2）调查单位的确定取决于调查目的和调查对象，调查目的和调查对象变化了，调查单位也就随之改变。例如，要调查城市职工本人基本情况时，这时的调查单位就不再是每一户城市职工家庭，而是每一个城市职工了。

3）调查单位与填报单位是有区别的，调查单位是调查项目的承担者，而填报单位是调查中填报调查资料的单位。例如，对某地区工业企业设备进行普查，调查单位为该地区工业企业的每台设备，而填报单位是该地区每个工业企业。但在某些情况下，两者又是一致的。例如，在进行职工基本情况调查时，调查单位和填报单位都是每一个职工。在设计市场调查方案时，当调查单位与填报单位不一致时，应当明确从何处取得资料并防止调查单位重复或遗漏。

3. 确定调查项目

调查项目是指对调查单位所要调查的主要内容，即明确向被调查者了解什么问题。例如，在消费者调查中，调查项目为消费者的性别、民族、文化程度、年龄、收入等。在确定调查项目时，除了要考虑调查目的和调查对象的特点外，还要注意以下几个问题：

（1）确定的调查项目应当既是调查任务所需，又是能够取得调查结果的。凡是调查目的需要又可以取得调查结果的可以列入调查范围，否则不应列入。

（2）项目的表达必须明确，要使调查结果具有确定的表示形式，如数字式、是否式或文字式等。否则，会使被调查者产生不同理解而给出不同的调查结果，造成汇总时的困难。

（3）确定调查项目应尽可能做到项目之间相互关联，使取得的资料相互对照，以便了解现象发生变化的原因、条件和后果，便于检查调查结果的准确性。

（4）调查项目的含义要明确、肯定，必要时可附调查项目解释。

4. 确定调查内容和调查问卷

（1）确定调查内容

确定调查内容是指调查课题的概念化和操作化。将调查课题转化为调查内容是非常专业的问题。例如，调查的课题是“太太乐鸡精广告效果”，将其转化为具体的调查内容则为：

1）太太乐鸡精的知名度及其在调味市场的排名情况。

2）消费者知晓太太乐鸡精品牌的主要信息来源和信息渠道。

3）了解消费者对太太乐鸡精广告口号的喜好程度。

4）了解售点 POP 广告（即购买点广告，凡是在商业空间、购买场所、零售商店的周围或内部以及在商品陈设的地方所设置的广告物，都属于 POP 广告）在消费者心目中的评价。

5）了解调查地区消费者的消费心理和消费特点。

6）了解消费者对太太乐鸡精产品的口感、包装、容量的期望。

（2）将调查内容转化为调查问卷

将调查内容转化为调查问卷，应根据调查课题拟订出一系列的问答题或选择题，问题的设计应是调查对象愿意并能够回答的问题。

当调查项目确定后，可将调查项目科学地分类、排列，构成调查提纲或调查问卷，以方便调查内容的登记和汇总。

5. 确定调查时间和调查期限

（1）确定调查时间

调查时间是指调查调查资料所属的时间，即调查在什么时间进行，需要多少时间完成。如果所要调查的是时期现象，就要明确规定资料所反映的是调查对象从何时起到何时止的资料。如果所要调查的是时点现象，就要明确规定统一的标准调查时点。

不同的调查课题、不同的调查方法，有不同的最佳调查时间。例如，对于入户调查，最好的调查时间是在工作日的晚上或周末，这时家中有人的概率大，成功率高；若采用观察法掌握超市的人群流量，为了使样本具有较好的代表性，应选择不同的时间段，因为一天当中不同的时间范围内，人群流量存在很大差异，在一周当中，工作日和休息日人群流量也有很大不同。只有对观察的时间段进行精心设计，才能得出科学、合理的推断结果。

（2）确定调查期限

调查期限是规定调查工作的开始时间和结束时间。包括从设计调查方案到提交调查报告的整个工作时间，也包括各个阶段的起始时间，其目的是使调查工作能及时开展、按时完成。为了提高信息资料的时效性，在可能的情况下，调查期限应适当缩短。调查的方法和规模不同，调查工作的周期也不同。例如，邮寄调查的周期较长，而电话调查的周期较短。大规模的入户调查，其周期通常也是比较长的。因此，对于调查的工作时间和进度安排，事先应有周密的计划。

6. 确定调查地点

调查地点与调查单位通常是一致的，但也有不一致的情况，当不一致时，就有必要规定调查地点。例如，人口普查应规定调查登记常住人口，即人口的常住地点。若遇到登记时不在常住地点，或存在不在本地常住的流动人口的情况，均须明确规定处理办法，以免调查资料出现遗漏或重复。

7. 确定调查方式和方法

在市场调查方案中，还要规定采用什么调查方式和方法取得调查资料。收集调查资料的方式有普查、重点调查、典型调查、抽样调查等。具体调查方法有文案法、访问法、观察法和实验法等。在调查时，采用何种方式、方法不是固定和统一的，而是取决于调查对象和调查任务。在市场经济条件下，为准确、及时、全面地取得市场信息，应注意多种调查方式、方法的结合运用。

8. 确定调查资料的整理与分析方法

随着经济理论的发展和计算机的运用，越来越多的现代统计分析手段可供我们在整理和分析资料时选择，如回归分析、相关分析、聚类分析等。每种分析方法都有其自身的特点和适用性，因此，应根据调查的要求，选择最佳的分析方法并在市场调查方案中加以规定。

9. 确定市场调查经费预算

市场调查的经费预算是市场调查方案设计的重要内容。经费的多少与调查范围、调查规模（样本量大小）、调查方法均有关系。调查预算包括的内容较多，一个市场调查项目的经费预算，通常包括以下内容：

（1）设计费：市场调查方案设计费、市场调查问卷设计费。

（2）问卷印刷费、装订费、复印费。

（3）抽样费：抽样方案设计费、构造抽样框和样本的抽选费。

（4）调查实施费：预调查访问费、培训费、交通费、住宿费、调查员和督导的劳务费、礼品费和其他有关费用。

（5）复核费：数据审核、编码、录入费。

（6）数据统计分析费。

（7）调查报告撰写制作费。

（8）折旧、耗材费，器材设备使用费，计算机软件使用费等。

（9）项目办公费：电话费、场所使用费、会议费、专家咨询费、公共费、税收、杂费以及其他费用等。

市场调查的费用因项目不同而差异很大。在费用估算时最常用的方法是依据抽样设计和资料收集方法，列出调查过程中的各个费用支出项目及金额，然后求出总费用。

10. 确定市场调查的组织计划

市场调查的组织计划是指实施市场调查的具体工作计划，主要包括调查的组织领导、调查机构的设置、调查人员的选择和培训、调查工作步骤等。必要时，还必须明确规定调查的组织方式。

上面所列举的市场调查方案十个方面的内容，并没有穷尽全部的调查方案。完整的市场调查方案包括更多的内容，如问卷设计、抽样设计等都在市场调查方案撰写范畴之内。对于不同的调查项目，市场调查方案的设计不同，内容的次序也不完全一样，市场调查方案撰写人员在具体进行市场调查方案设计时需要灵活地、创造性地加以应用。

五、市场调查方案的评估

1. 市场调查方案的可行性分析

在调查复杂的社会经济现象时，市场调查方案的设计通常不是唯一的，需要从多个调查方案中选取最优方案。同时，所设计的市场调查方案也不是一次完成的，而是需要经过必要的可行性研究，针对市场调查方案进行试点和修改。可行性研究是科学决策的必经阶段，是科学设计调查方案的重要步骤。因此，对调查研究工作而言，事先对方案进行科学的可行性研究是非常必要的。针对市场调查方案进行可行性研究的方法有很多，如逻辑分析法、经验判断法、试点调查法等。具体研究方法如下：

（1）逻辑分析法

逻辑分析法是指从逻辑的层面对市场调查方案进行把关，考察其内容是否符合逻辑和情理。例如，对于学龄前儿童进行问卷调查，对没有通电的草原上的牧民进行电视广告的偏好调查等，都有悖于常理和逻辑，也是缺乏实际意义的。如果某企业想对一项新的福利改革制度在职工中的支持度进行调查，假设该企业有 1 000 人，其中销售人员 300 人，生产人员 200 人，科研人员 500 人，只准备选取样本 100 人进行问卷调查。那么，该企业按工种人员在总人口中所占的比例进行样本的分析，就是科学和符合逻辑的。依照此思路，有如下样本分配方法：

销售人员取样数＝300/1 000×100＝30（人）

生产人员取样数＝200/1 000×100＝20（人）

科研人员取样数＝500/1 000×100＝50（人）

（2）经验判断法

经验判断法是指通过组织一些具有丰富市场调查经验的人员，对设计出来的市场调查方案进行初步研究和判断，以说明调查方案的可行性和合理性。例如，针对广州市白领阶层的消费支出结构进行调查，通过经验判断法，可知道该调查方案不宜采用普查的形式，应对白领阶层这一概念进行量化处理之后，采用抽样调查的方式进行。再如，国家统计局在对我国全年农作物收成做出预测时，常采用抽样的方法对一些农作物做重点调查，这一方法亦属于经验判断范畴。总之，经验判断法可以节约人力、物力资源，并在较短的时间内做出快速的预测。当然，这种方法也有一定局限性，主要是因为人们的认识有限，并且事物的发展变化常有例外，各种主观、客观因素都会对判断的准确性产生影响。

（3）试点调查法

试点调查法是指通过在小范围内选择部分单位进行试点调查，对市场调查方案进行实地检验，以说明市场调查方案的可行性。具体来说，试点调查法的用意在于以下两点：

1）试点调查是对调查方案的检验。市场调查方案是否切实可行，可通过试点进行实地检验，检查调查目标的制定是否恰当、调查项目的选择是否正确等。试点工作完成后，要及时地提出建议，对原方案进行修订和补充，以便制定更加科学合理的调查方案。因此，可以说试点调查法实际上是借鉴实验科学的思想，是实验科学思想在社会科学领域的成功运用。

2）试点调查是一次实战演习。试点调查还可以理解成实战前的演习，可以让调查人员在大规模应用市场调查方案之前及时了解调查工作哪些是合理的，哪些是薄弱环节等。

2. 市场调查方案的模拟实施

并非所有的市场调查方案都需要进行模拟调查，只有那些调查内容很重要、调查规模又很大的调查项目才考虑进行模拟调查。模拟调查结果的分析非常重要，是开展下一步正式大规模调查工作的关键。

3. 市场调查方案设计的总体评价

市场调查方案设计的总体评价涉及三个方面，即方案设计是否体现调查目的和要求、是否具有可操作性、是否科学和完整等。评价一个市场调查方案的优劣，可以从不同角度加以评价。

（1）方案设计是否体现调查目的和要求

方案设计是否体现了调查的目的和要求，是对市场调查方案最基本的评价。例如，从摸清我国工业家底的目的出发，根据市场调查方案确定的调查范围、调查单位、调查内容，以及据此设置的一系列完整的指标体系，反映了我国工业的现状和全貌，说明该市场调查方案体现了调查我国工业产业内部结构的目的和要求。

（2）方案设计是否具有可操作性

例如，在我国第二次工业普查中对生产、流通、分配和消费各个环节，设置了许多相互联系、相互制约的指标，形成了一套比较完整的指标体系，体现了该市场调查方案的可操作性。

（3）方案设计是否科学和完整

市场调查方案是否科学和完整，对最后的调查数据质量有直接的影响。例如，在我国第二次工业普查中，由于市场调查方案设计得科学和完整，使调查的实际差错率大大低于2%。

对市场调查方案进行评估具有重要的意义。一是架起了市场调查方案与市场调查实施的桥梁，为研究创造了条件。二是对于研究者来说，可以不断总结提高，推动市场调查工作的开展。

任务实施

在本任务中，A凉茶公司设计的市场调查方案如下。

珠海某高校开设凉茶铺的市场调查方案

一、调查目的

本调查的目的是为了对珠海某高校凉茶需求情况进行有针对性的调查，了解珠海某高校大学生对凉茶的需求情况。

二、调查对象和调查单位

调查对象为珠海某高校的大学生。

调查单位为珠海某高校随机调查的每一名学生。

三、调查项目

1. 了解珠海某高校的大学生对凉茶的需求情况。
2. 了解珠海某高校的大学生对在校内开设凉茶铺的需求。

四、调查内容和调查问卷

针对调查项目，设计的调查内容及调查问卷详见模块二任务2的任务实施。

五、调查时间和调查期限

根据调查内容，确定调查时间和调查期限（见表2—2）。

表2—2　调查时间和调查期限

时间	内容
2018年2月第1周	确定调查主题，制定进度表
2018年2月第2周	进行第一阶段汇报
2018年2月第3周	确定调查单位
2018年2月第4周	确定调查方式、方法
2018年3月第1周	进行第二阶段汇报
2018年3月第2周	设计调查问卷的题目、修改问卷
2018年3月第3周	进行预调查
2018年3月第4周	实地调查，进行调查数据的统计与整理、绘制统计图表

续表

时间	内容
2018 年 4 月第 1 周	调查报告的撰写
2018 年 4 月第 2 周	调查报告的评改、打印
2018 年 4 月第 3 周	进行第三阶段汇报

六、调查地点

珠海某高校男生、女生宿舍。

七、调查方式和方法

本次调查方式和方法如图 2—1 所示。

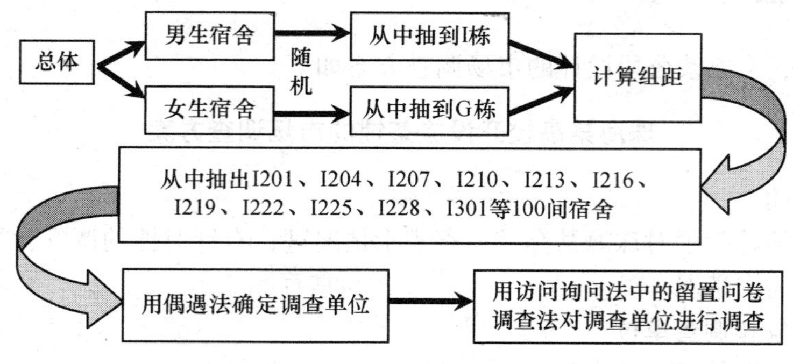

图 2—1 调查方式与方法

八、调查资料的整理与分析方法（详见模块三任务 2 的任务实施）

九、经费预算（略）

十、其他（略）

思考题

1. 举例说明市场调查方案的三种类型。
2. 市场调查方案主要包括哪些内容？

任务 2 设计市场调查问卷

知识目标

➢ 掌握市场调查问卷的基本结构、设计程序和设计技巧

➢ 掌握市场调查问卷的评估方法

能力目标

➢ 能够根据市场调查的内容设计市场调查问卷

任务引入

A 凉茶公司在完成市场调查方案之后，开始进行市场调查问卷的设计。假如你是本次问卷设计的负责人，应如何制定一份完整、科学的市场调查问卷？

任务分析

市场调查问卷是企业进行市场调查的必备工具，一份设计科学合理的调查问卷能够调查到企业所需要的信息。因此，在设计市场调查问卷时，首先应该从整体上掌握调查问卷的基本结构以及设计程序；其次，应该掌握调查问卷中问题设计与表达的技巧；再次，要对设计好的问卷进行预调查和问卷评估等。

相关知识

市场调查问卷又称调查表或询问表，是以问题的形式系统地记载调查内容的一种印件，它根据调查目的，将所需调查的问题具体化，使调查者能顺利地获取必要的信息资料，便于调查者进行统计分析。市场调查问卷可以是表格式、卡片式或簿记式。完整的市场调查问卷必须具备两个功能，即能将问题传达给被调查者并使被调查者乐于回答。要完成这两个功能，在进行问卷设计时应当遵循一定的原则和程序，运用一定的技巧。作为调查者与被调查者之间中介物的调查问卷，其设计是否科学合理，将直接影响问卷的回收率，影响资料的真实性、实用性。因此，在市场调查中，应对市场调查问卷的设计给予足够重视。

一、市场调查问卷的基本结构

市场调查问卷的基本结构有标题、说明、主体、编码号、致谢语和实验记录 6 项内容。

1. 标题

每份市场调查问卷都有一个研究主题。研究者应开宗明义地确定标题，反映调查研究的主题，使人一目了然，增强填答者的兴趣和责任感。例如，“厂级干部推荐表”这个问卷的标题把该厂人事部门的调查内容和范围全部反映了出来。又如，“中国互联网发展状况及趋势调查”这个标题点明了调查对象和调查内容，主题十分鲜明。

2. 说明

市场调查问卷前面应有一个说明，这个说明可以是一封给调查对象的信，也可以是指导语，说明调查的目的及意义或填答问卷的要求和注意事项等，下面同时填上调查单位名称和日期。市场调查问卷的说明主要包括引言和注释，是对问卷的情况说明。

引言应包括调查的目的、意义、主要内容，调查的组织单位，调查结果的使用者及保密措施等。其目的在于引起被调查者对填答问卷的重视和兴趣，使其对调查给予积极支持和合作。

引言一般放在问卷的开头，篇幅宜小不宜大。访问式问卷的说明一般非常简短；自填式问卷的说明可以长一些，但一般以不超过300字为佳。

3. 主体

主体是研究主题的具体化，是市场调查问卷的核心部分。问题和答案是市场调查问卷的主体。从形式上看，问题可以分为开放式和封闭式两种。从内容上看，问题可以分为事实性问题、意见性问题、断定性问题、假设性问题和敏感性问题等。

4. 编码号

编码号并不是一个所有问卷都需要的项目。规模较大又需要运用计算机进行统计分析的调查，要求所有的资料数量化，与此相对应的问卷就要增加一项编码号内容，也就是在问卷主体内容的右边按顺序编上1，2，3…用以填写答案的代码（中间用一条竖线分开）。整个问卷有多少种答案，就要有多少个编码号，如果一个问题有一个答案，就占用一个编码号，如果一个问题有3种答案，则需要占用3个编码号。答案的代码由研究者核对后填写在编码号右边的横线上。

5. 致谢语

为了表示对调查对象真诚合作的感谢，研究者应当在问卷的末端写上感谢的话，如果前面的说明已经有表示感谢的话语，那问卷末端可不用写致谢语。

6. 实验记录

实验记录的作用是用以记录调查完成的情况和需要复查、校订的问题，格式和要求都比较灵活，调查员和校订者均在上面签写姓名和日期。

以上为比较完整的市场调查问卷应有的结构，但通常使用的如征询意见及一般调查问卷可以简单些，有标题、主体和致谢语即可。

二、市场调查问卷的设计原则

市场调查问卷要按照调查目的的要求设计调查项目，虽然没有固定的格式，但通常按下面的原则进行。

1. 合理性

合理性是指问卷必须紧密与调查主题相关。违背了这点，再漂亮或精美的问卷都是无益的。市场调查问卷体现调查主题，其实质是在问卷设计之初找出与调查主题相关的要素。

2. 一般性

一般性是指问题的设置是否具有普遍意义，这是市场调查问卷设计的基本要求。

市场调查的一般性主要体现在不能犯问题内容上的错误上。例如：

问题：你拥有哪一种信用卡？

答案：a. 长城卡　b. 牡丹卡　c. 龙卡　d. 一卡通　e. 金穗卡

其中d选项的设置是错误的，不符合一般性要求。

3. 逻辑性

市场调查问卷的设计要有整体感，整体感即问题与问题之间要具有逻辑性，独立的问题本身也不能出现逻辑上的错误，应使市场调查问卷成为一个相对完善的小系统。例如：

问题：

①你通常每日读几份报纸？

a. 不读报　b. 1 份　c. 2 份　d. 3 份以上

②你通常用多长时间读报？

a. 10 分钟以内　b. 半小时左右　c. 1 小时　d. 1 小时以上

③你经常读的是下面哪类（或几类）报纸？

a. ×市晚报　b. ×省日报　c. 人民日报　d. 参考消息

在以上的几个问题中，由于问题设置紧密相关，因而能够获得比较完整的信息。调查对象也会感到问题集中，提问有章法。相反，假如问题是发散的，缺少相关性，问卷就会给人以随意性，缺乏严谨性的感觉。

逻辑性是与问卷的条理性、程序性分不开的。在一个综合性的问卷中，调查者应将差异较大的问卷分块设置，从而保证每个“分块”的问题都密切相关。

4. 明确性

明确性实际上是指问题设置的规范性。这一原则具体是指命题是否准确，提问是否清晰明确，被调查者是否能够对问题做出明确的回答等。

如上文问题中“10 分钟”“半小时”“1 小时”等答案设置是十分明确的，可以显示出用时极短（浏览）的概率为多少，用时一般（粗阅）的概率为多少，用时较长（详阅）的概率为多少。另外，问卷中常有“是”或“否”一类的是非式命题。例如：

问题：您的婚姻状况如何？

答案：a. 已婚　b. 未婚

显而易见，此题还有第三种答案（离婚/丧偶）。如按照以上方式设置答案，则不可避免地会发生选择上的困难和有效信息的流失，其症结即在于问卷违背了明确性的原则。

5. 非诱导性

非诱导性是指问题中不应有提示或主观臆断内容，应完全将被调查者的独立性与客观性摆在问卷操作的限制条件的位置上。例如：

问题：你认为这种化妆品对你的吸引力在哪里？

答案：a. 色泽　b. 气味　c. 使用效果　d. 包装

这种设置是客观的。若换一种答案设置：

a. 迷人的色泽　b. 芳香的气味　c. 满意的效果　d. 精美的包装

这样的设置则具有了诱导性和提示性，从而不自觉地掩盖了事物的真实性。

6. 便于整理、分析

成功的市场调查问卷设计除了要考虑紧密结合调查主题与方便信息收集外，还要考虑调查结果的容易得出和调查结果的说服力。这就需要考虑问卷在调查后的整理与分析工作。

首先，这要求调查指标是能够累计和便于累计的；其次，指标的累计与相对数的计算是有意义的；再次，能够通过数据清楚明了地说明所要调查的问题。

三、市场调查问卷的设计程序

1. 确定调查目的

市场调查通常是在企业做决策时感到所需信息不足时发起的。因此，在设计市场调查问卷时，首先要明确企业究竟需要什么数据。调查目标确定得明确、清楚，下面的步骤会更顺利、更有效。

2. 确定数据收集方法

对数据进行收集可以有多种方法，主要有人员访问法、自我管理访问法、电话调查法、邮寄调查法等，每一种方法对市场调查问卷的设计都有影响。例如，人员访问法有时间上的限制，问卷应设计得尽量精简；自我管理访问法要求问卷设计得非常清楚且篇幅较短，因为访问人员不在场，没有澄清问题的机会；电话调查法则需要丰富的词汇来描述一种概念以肯定被调查者理解正在讨论的问题。

3. 确定问卷的问答形式

（1）确定问卷的问题形式

问题从形式上分为开放式问题、封闭式问题与量表应答式问题三种，如图 2—2 所示。

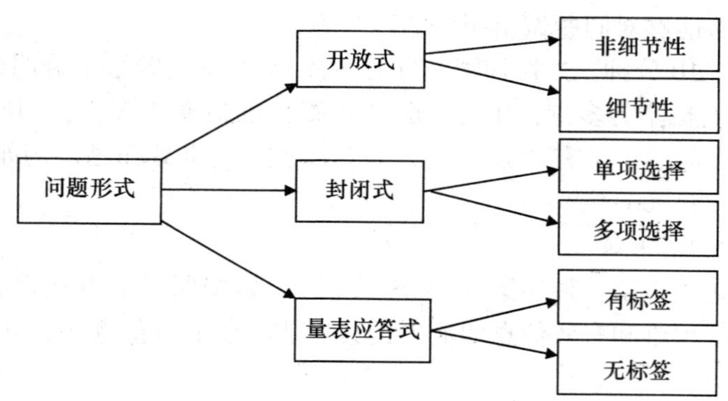

图 2—2　市场调查问卷的主要问题形式

1）开放式问题。在采用开放式问题时，被调查者可以用自己的语言自由地发表意见，在问卷上没有已拟订的答案。

例如，对于问题“您喜欢看哪一类的电视节目？”被调查者可以自由回答以上问题，并不需要按照问卷上已拟订的答案加以选择，因此被调查者可以充分地表达自己的看法和理由。通常而言，问卷上的第一个问题应采用开放式问题，让被调查者有机会发表意见，这样可制造有利的调查气氛，缩短调查者与被调查之间的距离。

然而，开放式问题也有一定缺点。例如调查者的偏见，因记录被调查者答案是由调查者执笔，极可能失真，或并非被调查者原来的意思。如果调查者按照其自己的理解来记录，就有出现偏见的可能。但这点不足可运用录音机等工具来弥补。开放式问题的第二个缺点是资料整理与分析的困难。由于不同被调查者的答案不尽相同，所用字眼各异，因此在答案分类时难免出现困难，整个过程相当耗费时间，而且免不了夹杂调查者个人的偏见。因此，开放式问题在探索性调查中是很有帮助的，但在大规模的抽样调查中，则弊大于利。

2）封闭式问题。封闭式问题与开放式问题相反，它规定了一组可供选择的答案和固定的回答格式。例如：

问题：你购买雕牌洗衣粉的主要原因是什么？（选择最主要的两种）

1. 洗衣较洁白　　2. 售价较低廉　　3. 任何商店都有出售

4. 不伤手　　5. 价格与已有的牌子相同，但分量较多

6. 朋友介绍　7. 其他

封闭式问题的优点：答案是标准化的，对答案进行编码和分析都比较容易；被调查者易于作答，有利于提高问卷的回收率；问题的含义比较清楚，因为所提供的答案有助于被调查者理解题意，这样就可以避免被调查者由于不理解题意而拒绝回答。

封闭式问题的缺点：被调查者对题目不能正确理解时，难以觉察出来；可能产生“顺序偏差”或“位置偏差”，即被调查者选择答案可能与该答案的排列位置有关。研究表明，对于陈述性答案，被调查者趋向于选第一个或最后一个答案，特别是第一个答案。而对于一组数字（数量或价格）的答案，被调查者则趋向于取中间位置的答案。为了减少顺序偏差，可以准备几种形式的问卷，每种形式的问卷答案排列的顺序都不同。

3）量表应答式问题。量表应答式问题就是以量表形式设置的问题。例如：

请根据总体偏好划分以下品牌的级别：

品牌	非常差 →								非常好
甲	1	2	3	4	5	6	7	8	9	10
乙	1	2	3	4	5	6	7	8	9	10
丙	1	2	3	4	5	6	7	8	9	10

（2）确定问题的询问方式

1）直接性问句。例如：

问题：您的职业是什么？

2）间接性问句。例如：

问题：您哪一年出生？

3）假设性问句。例如：

问题：有人认为目前的电视广告过多，您的看法如何？

4）开放性问句。例如：

问题：您现在使用的洗衣粉是什么品牌？

5）封闭性问句。例如：

问题：您喝酒吗？

6）事实性问句。例如：

问题：您通常什么时候看电视？

7）行为性问句。例如：

问题：您昨晚7点看电视了吗？

8）动机性问句。例如：

问题：您为什么每晚7点看电视？

9）态度性问句。例如：

问题：您是否喜欢×××电视节目？

在实际调查中，几种类型的问题往往是结合使用的。在同一个问卷中，往往既有开放性问题，也有封闭性问题。甚至同一个问题中，也可将开放性问题与封闭性问题结合起来，组成结构式问题。例如：

问题：您家里目前有空调吗？有____，无____；若有，是什么牌子的？

同样，事实性问题既可以采取直接提问方式，对于被调查者不愿直接回答的问题，也可以采取间接提问方式。问卷设计者可以根据具体情况选择不同的提问方式。

另外，还要注意提问的语言表达。书面语言是编制问题的基本材料，要使问题含义清楚、简明易懂，就必须高度重视使用好书面语言。除了语言外，提问的方式对调查也有一定影响。语言表达和提问方式的几条常用规则如下：

一是问题的语言要尽量简单。无论是设计问题还是设计答案，所用语言的第一标准应该是简单。要尽可能使用简单明了、通俗易懂的语言，而不要使用一些复杂的、抽象的概念以及专业术语。

二是问题的陈述要尽可能简短。问题的陈述越长，就越容易产生含糊不清的地方，被调查者的理解就可能越不一致。而问题越短，产生这种含糊不清的可能性就越小。

三是问题要避免带有双重含义。双重含义指的是在一个问题中，同时询问了两件事情，或者说一句话中同时问了两个问题。

四是问题不能带有倾向性。问题的提法和语言不能使被调查者感到应该填什么，即不能对被调查者产生诱导性，应保持中立的提问方式，使用中性的语言，要避免使被调查者感到提该问题是想得到某种特定的回答，或是在鼓励、期待其做出某种回答。

五是不要用否定形式提问。在日常生活中，除了某些特殊情况外，人们往往习惯于肯定陈述的提问，而不习惯于否定陈述的提问。

六是不要问被调查者不知道的问题。这就是说，所问的问题都应该是被调查者能够回答的。

七是不要直接询问敏感性的问题。当问及某些个人隐私或敏感问题时，人们往往具有一种本能的自我防卫心理。因此，如果直接提问，往往会引起很高的拒答率。对这些问题最好采取间接询问的形式，并且语言要尽量委婉。

（3）确定问题的答案形式

1）穷尽性和互斥性。首先要做到答案具有穷尽性和互斥性。穷尽性是指答案包括了所有可能的情况。

例如：您的性别是什么？（请选一项打√）

a. 男　　b. 女

对于任何一个被调查者来说，问题的答案中总有一个是符合其情况的。

互斥性是指答案相互之间不能相互重叠或相互包含，即对于每个被调查者来说，最多只能有一个答案适合其情况，如果一个被调查者可同时选择属于某一问题的两个或更多的答案，那么这一问题的答案就一定不是互斥的。

例如：您的职业是什么？（请在合适的答案号码上打√）

1. 工人　2. 农民　3. 干部　4. 商业人员　5. 医生　6. 售货员　7. 教师　8. 司机　9. 其他

在所列的答案中，“工人”与“司机”、“商业人员”与“售货员”都不互斥。

2）根据研究的需要来确定变量的测量层次。不同的变量具有不同的测量层次，高层次的变量可转化为低层次的变量来使用。

首先要确定所测变量属于什么层次，然后根据这一层次的特征来决定答案的形式。例如，要测量“人们每月的工资收入”这一变量，就应该首先明确它属于定比的变量，是最高层次的变量。然后再根据研究的具体要求来决定采用哪种形式的答案。

如果研究需要准确地了解每个被调查者的具体收入，那么就可以采用填空形式，即：“您每月的工资收入是多少？”

如果研究想了解的是总体中人们的工资收入处于不同等级的分布情况，那么，就可把月工资收入转化成定序变量来测量，即：

问题：您每月工资收入属于下列哪个范围？（请选一项）

a. 500 元以下　b. 501～800 元　c. 801～1 500 元　d. 1 500 元以上

如果研究只需要了解某一总体中的个体月工资收入水平处于全国平均水平（假设为 100元）以下的比例，那么，就可以把月工资收入转化成定类变量来测量，即：

问题：您的月工资收入属于下列哪一类？（请选一项）

a. 高于 1 000 元　b. 低于或等于 1 000 元

4. 确定问卷的流程和编排

市场调查问卷的每一部分位置安排都具有一定的逻辑性，不得任意编排。有经验的市场研究人员很清楚市场调查问卷的制作是获得调查者与被调查者联系的关键，两者联系越紧密，调查者越可能得到完整、有效的信息。

5. 评价问卷

在市场调查问卷草稿设计好后，问卷设计人员应对问卷进行批评性评估。在问卷评估过程中，主要考虑以下问题：问题是否必要，问卷是否太长，问卷是否回答了调查目标所需的信息，邮寄及自填问卷的外观设计是否合理，开放式问题是否留足空间，问卷说明是否用了明显字体等。

6. 获得各方面的认可

市场调查问卷设计进行到这一步，问卷的草稿已经完成。草稿的复印件应当分发到直接有权管理这一项目的各个部门。草稿获得各方面的认可是十分重要的，因为问卷的认可再次明确了决策所需要的信息以及信息将如何获得。例如，一份新产品开发的市场调查问卷询问了形状、材料以及最终用途和包装，一旦问卷得到认可，意味着新产品开发经理就能知道颜色对于该产品并不重要。

7. 预先测试和修订

当市场调查问卷已经获得管理层的最终认可后，还必须进行预先测试。在没有进行预先测试前，不应当进行正式的询问调查。通过预先测试，可以寻找问卷中存在的错误解释、不连贯的地方和不正确的跳跃模式，为封闭式问题寻找额外的选项以及发现被调查者的一般反应。预先测试也应当以最终访问的相同方式进行。例如，最终访问方式是入户调查，预先测试也应当采取入户的方式进行。在预先测试完成后，任何需要改变的地方都应当切实修改。在进行实地调查前应当再一次获得各方的认可，如果预先测试导致问卷产生较大的改动，还应进行第二次测试。

8. 准备最后的问卷

安排好对市场调查问卷的监督和校对环节，进行市场调查问卷的打印、装订流程。

9. 实施

根据调查目的，采用适当的方法，将打印好的市场调查问卷发放给调查对象，进入市场调查的实施阶段。

四、市场调查问卷的评估

对于市场调查问卷的评估主要从信度和效度两个方面着手。

1. 问卷的信度

信度即可靠性，是指采用同一方法对同一对象进行调查时问卷调查结果的稳定性和一致性，即测量工具（问卷或量表）能否稳定地测量所测的事物或变量。具体评价方法如下。

（1）重复检验法

同样的问卷对同一组访问对象在尽可能相同的情况下，在不同时间进行两次测量。两次测量相距一般在2~4周之内。用两次测量结果间的相关分析或差异的显著性检验方法，评价问卷信度的高低。

（2）交错法

用两个不同形式、相同内涵的问卷，对同一组受访者在不同的时间（通常间隔2~4周）进行测量。两次测量结果间的相关性被用来评价问卷的信度。

（3）折半法

折半法是将上述两份问卷合成一份问卷（通常要求这两份问卷的问题数目相等），每一份作为一部分，然后考察这两个部分测量结果之间的相关性。

2. 问卷的效度

效度是指问卷正确测量研究者所要测量的变量的程度。检验效度的主要指标和方法有表面效度、准则效度和建构效度。

（1）表面效度

表面效度也称内容效度或逻辑效度，是指测量的内容与测量目标之间是否适合，也可以说是指测量所选择的项目是否看起来符合测量的目的和要求。主要依据调查人员的主观判断。

(2) 准则效度

准则效度是指量表所得到的数据和其他被选择的变量（准则变量）的值相比是否有意义。根据时间跨度的不同，准则效度可分为同时效度和预测效度。

(3) 建构效度

建构效度是指问卷所得数据能得出理论或推论的程度。在评价建构效度时，调查人员要试图解释“问卷为什么有效”这一理论问题以及考虑从这一理论问题中能得出什么推论。

任务实施

在本任务中，A 凉茶公司设计的市场调查问卷如下：

A 凉茶公司在珠海某高校开设凉茶铺的市场调查问卷

亲爱的同学：

您好，我们是 A 凉茶公司的市场调查员，为了解同学们对在贵校开设校内凉茶铺的意见，我们开展了这次调查。在此说明的是，我们将对您的个人信息及相关资料进行严格保密，绝不会伤害到你们的任何利益，请放心作答。希望您能在百忙之中抽出一点时间回答以下的问题，谢谢！

1. 您有喝凉茶的习惯吗？

□有　□无

2. 您最近一周喝凉茶的次数是？

□2 次以下　□2~3 次　□4~5 次　□6~7 次　□7 次以上

3. 您觉得在本校的哪个位置开设凉茶铺最合适呢？

□宿舍楼下　□饭堂附近　□教学楼下　□其他________

4. 您更看重凉茶的哪种功效？（可多选）

□清热解毒　□化痰止咳　□祛湿毒　□美容　□其他________

5. 如果您需要喝凉茶，您会选择专业的凉茶铺吗？

□会　□不会（请跳到第 8 题）　□随便

6. 您会选择凉茶铺，是因为（　）。（可多选）

□价格实惠　□功效好　□味道好　□方便　□其他________

7. 您觉得一杯凉茶的价格在哪个范围您可以接受？

□1~3 元　□4~5 元　□6~7 元　□8~9 元　□9 元以上

8. 您比较喜欢哪种购买方式？

□送货上门　□现场饮用　□打包带走

9. 您对我们开设凉茶铺有什么建议？

____

____

____

专业：____________

性别：____________

谢谢您的合作！

祝：身体健康！

思考题

1. 市场调查问卷有哪些基本类型？
2. 市场调查问卷的基本结构包括哪些部分？
3. 市场调查问卷设计应遵循哪些原则和程序？

模块三　市场调查的实施

任务 1　市场调查方式、方法的选择

知识目标

- 掌握市场调查对象选择的不同方式
- 掌握具体的市场调查方法

能力目标

- 能够运用相关知识，根据调查内容选择合适的市场调查方式，确定调查对象
- 能够正确运用市场调查方法

任务引入

A 凉茶公司在设计好市场调查问卷后，就进入市场调查的实施阶段，假如你是此次市场调查的负责人，该选择何种市场调查的方式、方法，完成此次市场调查的样本选取工作？

任务分析

市场调查的实施是整个市场调查过程中的关键点，在实施过程中最重要的就是确定好市场调查方式以及具体的调查方法。针对本任务，A 凉茶公司为了了解珠海某高校大学生凉茶市场需求情况，调查者应制定具体的实施方案，确定好调查对象以及具体的调查方法，即明确调查对象的选择以及用什么方法向调查对象进行调查，以完成整个调查实施环节。

相关知识

一、市场调查方式的选择

1. 市场普查

市场普查是统计调查的组织形式之一。以市场调查的总体为对象，对市场调查对象总体中的全部单位无一例外、全面地进行一次性调查，又称为全面调查或整体调查。其中，调查对象是指调查所面对的总体。调查单位是调查对象总体中的每一个具体单位。例如，对武汉市的中学生进行调查，武汉市的所有中学生是市场普查的调查对象，武汉市每一名中学生是

调查单位；对北京市各类医院进行普查，调查对象是北京市的所有医院，调查单位是北京市的每一家医院。

（1）市场普查的形式

市场普查有两种形式：一种形式是组织专门的普查机构和人员，对调查单位进行直接调查；另一种形式是利用机关团体、企业内部的统计报表进行汇总；第二种形式比第一种形式简便，适用于内容比较单一、涉及范围较小的情况，特别是为了满足某种紧迫需要而进行的快速普查，就可以采用这种方式，由登记单位将填报的表格越过中间一些环节直接报送到最高一级机构集中汇总。

（2）市场普查的特点

1）市场普查通常是一次性的或周期性的。由于普查涉及面广、调查单位多，需要耗费大量的人力、物力和财力，通常需要间隔较长的时间，一般每隔 10 年进行一次。

2）规定统一的标准时点。标准时点是指对被调查对象登记时所依据的统一时点。调查资料必须反映调查对象在这一时点上的状况，以避免调查时因情况变动而产生重复登记或遗漏现象。例如，我国第七次人口普查的标准时点为 2015 年 11 月 1 日零时，就是要反映这一时点上我国人口的实际状况。

3）规定统一的普查期限。在普查范围内各调查单位或调查地点尽可能同时进行登记，并在最短的期限内完成，以便在方法和步调上保持一致，保证资料的准确性和时效性。

4）规定普查的项目和指标。普查时必须按照统一规定的项目和指标进行登记，不准任意改变或增减，以免影响资料的汇总和综合，降低资料质量。同一种普查，每次调查的项目和指标应力求一致，以便进行历次调查资料的对比分析和观察社会经济现象发展变化情况。

5）普查的数据一般比较准确，规范化程度也较高，因此它可以为抽样调查或其他调查提供基本依据。

6）普查的使用范围比较窄，只能调查一些最基本及特定的现象。普查既是一项技术性很强的专业工作，又是一项广泛性的群众工作。我国历次人口普查都认真贯彻群众路线，做好宣传和教育工作，得到群众的理解和配合，因而取得令人瞩目的成果。

（3）市场普查的优缺点（见表 3—1）

表 3—1　　市场普查的优缺点

市场普查的优点	市场普查的缺点
1. 由于是调查某一人群的所有成员，所以在确定调查对象上比较简单 2. 所获得的资料全面，可以知道全部调查对象的相关情况，准确性高 3. 普查所获得的数据为抽样调查或其他调查提供基本依据	1. 工作量大，花费大，组织工作复杂 2. 调查内容有限 3. 易产生重复或遗漏现象 4. 由于工作量大而可能导致调查的精确度下降，调查质量不易控制

2. 典型调查

典型调查是根据调查目的和要求，在对调查对象进行初步分析的基础上，有意识地选取少数具有代表性的典型单位进行深入细致的调查研究，借以认识同类事物的发展变化规律及本质的一种非全面调查。

该种调查法较为细致，适用于对新情况、新问题的调查。使用典型调查法时须注意所选的对象要具有代表性，能够集中、有力地体现问题和情况的主要方面。典型调查法具有省时、省力的优点，但也有不够准确的缺点。典型调查一般用于调查样本太大，而调查者又对总体情况比较了解，同时又能比较准确地选择有代表性对象的情况。

（1）典型调查的类型

1）"解剖麻雀"式。如果调查对象中各单位差异较小，即可对其中一个或几个典型单位直接深入，进行细致的调查。

2）"划类选典"式。如果调查对象各单位差异较大或所要研究的问题比较复杂且带有综合性，就要适当多选一些单位，即先从总体上划分若干类，再从每类中选择若干个典型单位，通过各类典型资料推断总体。

（2）典型调查的注意事项

1）正确地选择典型。根据调查的目的，在对事物和现象总体情况初步了解的基础上，综合分析，对比研究，从事物的总体上和相互联系中分析有关现象及其发展趋势，选出先进典型、中间典型和后进典型。当研究目的是探索事物发展的一般规律或了解一般情况时，应选择中间典型；当研究目的是要总结推广先进经验时，应选择先进典型；当研究目的是为了帮助后进单位总结经验时，就应选择后进典型。

2）注意点与面的结合。典型虽然是同类事物中具有代表性的部分，但毕竟是普遍中的特殊，一般中的个别。因此，对于典型的情况及调查结论，要注意区分哪些属于特殊情况，哪些可以代表一般情况。要慎重对待调查结论，对于其适用范围要做出说明，特别是对于要推广的典型经验，必须考察、分析是否具备条件及条件是否成熟，切忌"一刀切"。

3）定性分析与定量分析结合。进行典型调查时，不仅要通过定性分析找出事物的本质和发展规律，而且要借助定量分析，从量上对调查对象的各个方面进行分析，以提高分析的科学性和准确性。

（3）典型调查的优缺点（见表3—2）

表3—2　典型调查的优缺点

典型调查的优点	典型调查的缺点
1. 从调查对象中有意识地选取典型单位调查，具有代表性 2. 调查少量典型单位，节省人力、物力、财力和时间，可以迅速地取得调查结果，且反映市场情况变动比较灵敏 3. 调查内容可以深入、全面、细致地研究市场现象的本质和规律	1. 因为是根据调查者的主观判断来选择典型单位，难以避免主观随意性 2. 对于调查结论的适用范围，只能根据调查者的经验判断，无法用科学的手段做出准确测定 3. 利用典型调查往往难于对市场现象总体进行定量研究

3. 重点调查

重点调查是一种非全面调查，它是在全部单位中选择一部分重点单位进行调查，以取得统计数据的一种非全面调查方法，其目的是为了了解总体的基本情况。

（1）重点单位的选取

重点单位是指在总体中具有举足轻重地位的单位，这些单位虽然数目不多，但就调查的标志值来说，它们在总体中却占了绝大部分比重。通过对这些单位的调查，能够反映出整个研究对象的基本情况。因此，当调查任务只要求对总体的基本情况进行了解，而部分重点单位又能集中反映所研究问题时，便可采用重点调查的方式。

选取重点单位应遵循两个原则，一是要根据调查任务的要求和调查对象的基本情况而确定选取的重点单位及数量。一般来讲，重点单位应尽可能少，而其标志值在总体中所占的比重应尽可能大，以保证有足够的代表性。二是要注意选取那些管理比较健全、业务力量较强、统计工作基础较好的单位作为重点单位。重点单位在全部单位中虽然只是一部分，但它们在所研究现象的总量中却占有绝大部分比重，因而对它们进行调查就能够反映全部现象的基本情况。例如，要了解全国钢铁生产的增长情况，只要对全国为数不多的大型钢铁企业的生产情况进行调查，就可以掌握我国钢铁生产的基本情况了。如黑龙江省企业调查队在对全省近百户亏损企业进行的专项调查中，选择其中 10 户由亏转盈的企业所进行的调查就属于重点调查。

（2）重点调查的优缺点

重点调查的优点是投入人力、物力少，调查速度快，所反映的主要情况或基本趋势比较准确，而缺点是只能认识调查总体的基本情况，没有推断全部情况的作用。

4. 抽样调查

抽样调查是一种非全面调查，它是从全部调查研究对象中，抽选一部分单位进行调查，并据以对全部调查研究对象做出估计和推断的一种调查方法。显然，抽样调查虽然是非全面调查，但它的目的却在于取得反映总体情况的信息资料，因此，也可起到全面调查的作用。

（1）抽样调查的特点

1）按随机原则抽选样本，总体中每一个单位都有一定的概率被抽中。调查样本是按随机原则抽取的，在总体中每一个单位被抽取的机会是均等的，因此，能够保证被抽中的单位在总体中的均匀分布，代表性强，不致出现倾向性误差。

2）抽样调查能够很好地用个体推断总体。抽样调查是根据部分实际调查结果来推断总体标志值的一种统计调查方法，它是按照科学的原理和计算，从若干单位组成的事物总体中，抽取部分样本单位进行调查、观察，用所得到的调查数据代表总体并推算总体。抽样调查是以抽取的全部样本单位作为一个“代表团”，用整个“代表团”来代表总体，而不是用随意挑选的个别单位代表总体。

3）可以用一定的概率来保证将误差控制在规定范围之内。与其他调查一样，抽样调查也会遇到调查的误差和偏误问题。但是，抽样调查可以通过抽样设计，在调查前就根据调查样本数量和总体中各单位之间的差异程度进行计算，将误差控制在允许范围以内，因此，调查结果的准确程度较高。另外，由于调查单位少、代表性强、所需调查人员少，工作误差比全面调查要小。特别是在总体包括的调查单位较多的情况下，抽样调查结果的准确性一般高于全面调查。因此，抽样调查的结果是非常可靠的。

基于以上特点，抽样调查被公认为是非全面调查方法中用来推算和代表总体的最完善、最有科学根据的调查方法。

（2）抽样调查中的常用名词（见表 3—3）

表 3—3　　抽样调查中的常用名词

常用名词	定义
总体	是指所要研究对象的全体。它是根据一定研究目的而规定的所要调查对象的全体所组成的集合，组成总体的各研究对象称为总体单位。可以将总体区分为研究总体和调查总体
个体	是指总体中的每一个调查对象
样本	样本是总体的一部分，它是由从总体中按一定程序抽选出来的总体单位所组成的集合
样本的容量	又称样本大小或样本规模，是指一个样本中所包含的个体数量的多少。决定样本容量时需要考虑：研究对象的变异程度、精度要求、要求推断的置信度、总体的大小、抽样的方法、抽样的组织形式、发生率和回收率等
抽样框	是指用以代表总体，并从中抽选样本的一个框架，其具体表现形式主要有包括总体全部单位的名册、地图等。抽样框在抽样调查中处于基础地位，是抽样调查必不可少的部分，其对于推断总体具有相当大的影响，对于抽样调查来说，样本的代表性如何，抽样调查最终推算的估计值真实性如何，首先取决于抽样框的质量
抽样比	是指在抽选样本时，所抽取的样本单位数与总体单位数之比
置信度	也称为可靠度或置信水平、置信系数，即在抽样对总体参数做出估计时，由于样本的随机性，其结论总是不确定的。因此，采用一种概率的陈述方法，也就是数理统计中的区间估计法，即估计值与总体参数在一定允许的误差范围以内，其相应的概率有多大，这个相应的概率就称作置信度
抽样误差	在抽样调查中，通常以样本做出估计值对总体的某个特征进行估计，当两者不一致时，就会产生误差。因为由样本做出的估计值是随着抽选的样本不同而变化的，即使观察完全正确，它和总体指标之间也往往存在差异，这种差异纯粹是抽样引起的，故称为抽样误差
偏差	也称为偏误，通常是指在抽样调查中除抽样误差以外，由于各种原因而引起的一些偏差
均方差	在抽样调查估计总体的某个指标时，需要采用一定的抽样方式和选择合适的估计量，当抽样方式与估计量确定后，所有可能样本的估计值与总体指标之间离差平方的均值即为均方差

（3）抽样调查的步骤

抽样调查的步骤主要有以下五步：确定抽样调查目标、确定抽样调查母体、选择抽样调查方法、统计整理调查数据、得出调查结果，如图 3—1 所示。

（4）抽样调查的分类

抽样调查主要分成两大类（见图 3—2）：一类是随机抽样，依据概率理论，按照随机原则选择样本，完全不带调查者的主观意识；另一类是非随机抽样，依据市场调查研究任务的要求和对调查对象的分析，主观地、有意识地在调查对象的总体中进行样本选择。

1）简单随机抽样。简单随机抽样也称为单纯随机抽样、纯随机抽样、SPS 抽样，是指从总体 N 个单位中任意抽取 n 个单位作为样本，使每个可能的样本被抽中的概率相等的一

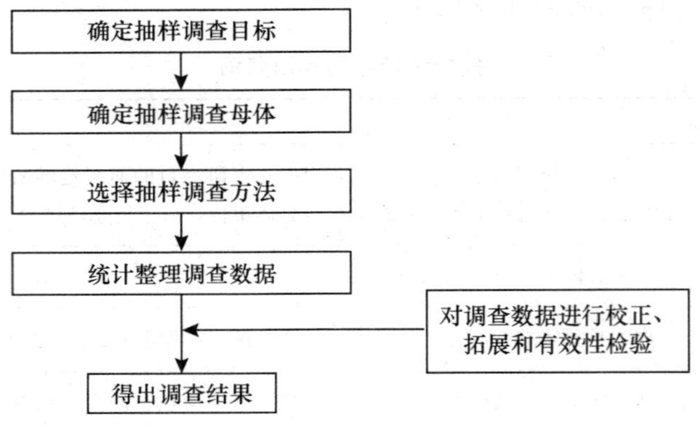

图 3—1 抽样调查的步骤

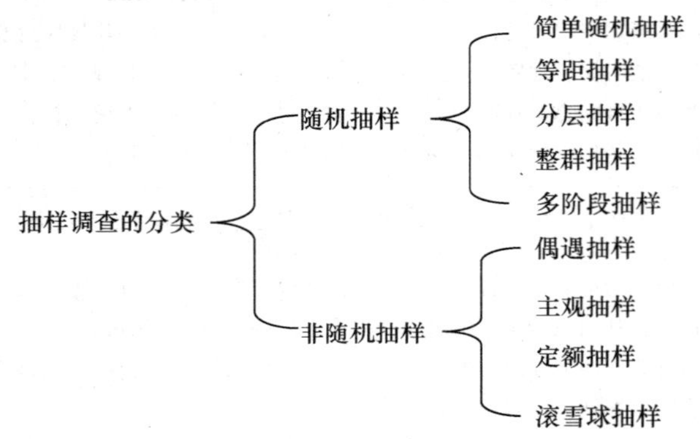

图 3—2 抽样调查的分类

种抽样方式。简单随机抽样的特点是每个样本单位被抽中的概率相等，样本的每个单位完全独立，彼此无一定的关联性和排斥性，如图 3—3 所示。

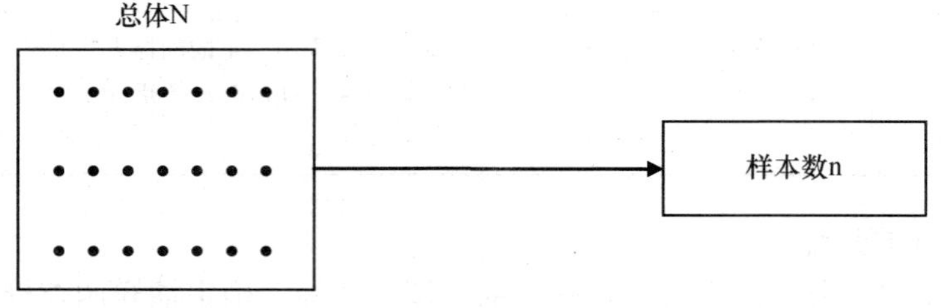

图 3—3 简单随机抽样

简单随机抽样分为重复抽样和不重复抽样两种。在重复抽样中，每次抽中的单位仍放回总体，样本中的单位可能不止一次被抽中。不重复抽样中，抽中的单位不再放回总体，样本中的单位只能被抽中一次。

简单随机抽样的具体做法有抽签法。抽签法又称“抓阄法”，它是先将调查总体的每个单位编号，然后采用随机的方法任意抽取号码，直到抽足样本。具体来说，抽签法就是把总体中的 N 个个体编号，把号码写在号签上，将号签放在一个容器中，搅拌均匀后，每次从中抽取一个号签，连续抽取 n 次，就得到一个容量为 n 的样本。抽签法的优点是简单易行，缺点是当总体的容量非常大时，操作起来费时、费力，且不方便。另外，如果号签搅拌得不均匀，也会导致抽样的不公平。

2）等距抽样。等距抽样也称为系统抽样或机械抽样、SYS 抽样，它是首先将总体中各单位按一定顺序排列，根据样本容量要求确定抽选间隔，然后随机确定起点，每隔一定的间隔抽取一个单位的一种抽样方式，是纯随机抽样的变种。在系统抽样中，先将总体按 1～N 的顺序编号，并计算抽样距离 $K=N/n$，其中 N 为总体单位总数，n 为样本容量。然后在 1～K 中抽一随机数 K_1，作为样本的第一个单位，接着取 K_1+K，K_1+2K，…，直至抽够 n 个单位为止。等距抽样的最主要优点是简便易行，且当对总体结构有一定了解时，充分利用已有信息对总体单位进行排队后再抽样，可提高抽样效率。

等距抽样的排序方式包括按无关标志排序和按有关标志排序，具体如下：

按无关标志排序，即总体单位排列的顺序和所要研究的标志是无关的。例如，调查职工的收入水平，可按姓氏笔画排列的职工名单进行抽样；调查工业生产质量，可按产品生产的时间顺序进行等距抽样等。一般认为，按无关标志排序的等距抽样是一种抽签法，又称无序系统抽样。

按有关标志排序，即总体单位排列的顺序与所要研究的标志是有直接关系的。例如，农产量抽样调查时，可按照当年估产或前几年的平均实产由低到高或由高到低的顺序进行抽样。这种按有关标志排序的等距抽样又称有序系统抽样，它能使标志值高低不同的单位，均有可能选入样本，从而提高样本的代表性，减小抽样误差。一般认为有序系统抽样比等比例分层抽样能使样本更均匀地分布在总体中，抽样误差也更小。

3）分层抽样。分层抽样也叫类型抽样，就是将总体单位按其属性特征分成若干类型或层，然后在类型或层中随机抽取样本单位。分层抽样由于通过划类分层，增大了各类型中单位间的共同性，因此，容易抽出具有代表性的调查样本。该方法适用于总体情况复杂、各单位之间差异较大、单位较多的情况，如图 3—4 所示。

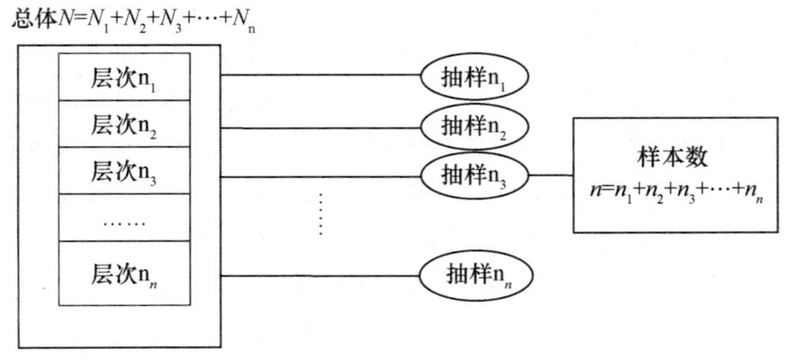

图 3—4　分层抽样

由于分层是按主要指标分组，各组的单位数不同，而分层抽样通常是按各组单位数占总体单位数的比例来抽出样本，组单位数多就多取样，组单位数少则少取样，并要保证如下关系：

$$n_i = \frac{n}{N} N_n$$

分层的原则是增加层内的同质性和层间的异质性。常见的分层变量有性别、年龄、教育、职业等。分层随机抽样在实际抽样调查中使用广泛，在同样样本容量的情况下，它比纯随机抽样的精度更高，此外还有管理方便、费用少、效度高等优点。

4）整群抽样。整群抽样又称聚类抽样，是将总体中各单位归并成若干个互不交叉、互不重复的集合，称之为群，然后以群为抽样单位抽取样本的一种抽样方式。整群抽样的优点是实施方便、节省经费；缺点是由于不同群之间的差异较大，引起的抽样误差往往大于简单随机抽样。整群抽样与分层抽样的不同点是：分层抽样要求各层之间的差异很大，层内个体或单元差异小，而整群抽样要求群与群之间的差异比较小，群内个体或单元差异大；分层抽样的样本是从每个层内抽取若干单元或个体，而整群抽样则是要么整群抽取，要么整群不被抽取。例如，某公司的雇员按照部门（销售部、市场部、研究部、广告部）分层，在每一个部门随机抽取 10 名雇员，属于分层抽样；如福尔摩斯特旅馆连锁店有 10 家酒店，从中随机选取 5 家，对被选出的每家酒店的全部雇员进行调查，属于整群抽样。

应用整群抽样时，要求各群有较好的代表性，即群内各单位的差异要大，群间差异要小，如图 3—5 所示。

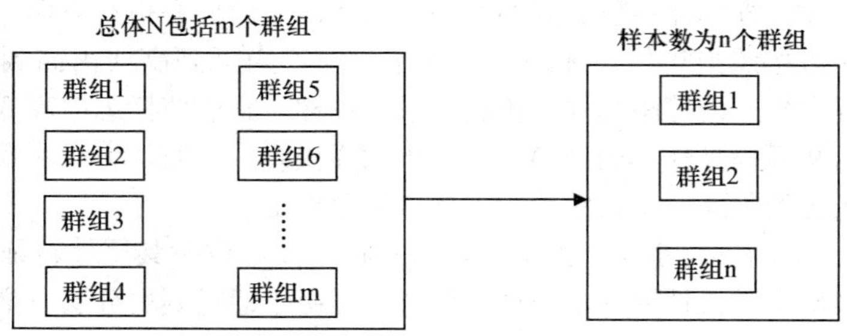

图 3—5　整群抽样

5）多阶段抽样。当我们面对的总体单元数很庞大，而且分布范围很广时，如果使用上述单阶抽样方法，不仅工作量大，而且在精度上很难把握，此时如果改用多阶段抽样方法，就会避免上述困难，从而达到理想的抽样效果。多阶段抽样方法的具体操作过程是：

第一阶段：将总体分为若干个一级抽样单位，从中抽选若干个一级抽样单位入样。

第二阶段：将入样的每个一级单位分成若干个二级抽样单位，从入样的每个一级单位中各抽选若干个二级抽样单位入样，依此类推，直到获得最终样本。

6）偶遇抽样。偶遇抽样也叫任意抽样或“便利抽样”，是指调查人员本着随意性原则去选择样本的抽样方式。偶遇抽样的基本理论依据是认为被调查总体的每个单位都是相同的，因此把谁选为样本进行调查，其调查结果都是一样的。而事实上并非所有调查总体中的每一个单位都是一样的。只有在调查总体中各个单位大致相同的情况下，才适宜应用偶遇抽样法。

运用偶遇抽样法进行抽样，一般由调查人员从工作方便出发，在调查对象范围内随意抽选一定数量的样本进行调查。“街头拦人法”和“空间抽样法”是偶遇抽样的两种最常见的方法。

“街头拦人法”是在街上或路口任意找某个行人，将他（她）作为被调查者进行调查。例如，在街头向行人询问对市场物价的看法或请行人填写某种问卷等。

“空间抽样法”是对某一聚集的人群，从空间的不同方向和方位对他们进行抽样调查。例如，在商场内向消费者询问对商场服务质量的意见；在劳务市场调查外来劳工务工情况等。

偶遇抽样法简便易行，可以及时取得所需的资料，节约时间和费用。这种方法适用于探测性调查或调查前的准备工作。一般在调查总体中每一个个体都是同质时，才能采用此类方法。但是，实践中并非所有总体中每一个个体都是相同的，所以抽样结果偏差较大，可信程度较低，样本缺乏足够的代表性。

7）主观抽样。主观抽样又称立意抽样或判断抽样，是指根据调查人员的主观经验从总体样本中选择那些被判断为最能代表总体的单位作为样本的抽样方法。当调查人员对自己的研究领域十分熟悉，对调查总体比较了解时采用这种抽样方法，可获代表性较高的样本。这种抽样方法多应用于总体小而个体差异大的情况，以及在总体边界无法确定或因研究者的时间与人力、物力有限时采用。例如，要对福建省旅游市场状况进行调查，有关部门选择厦门、福清、漳州等旅游风景区作为样本调查，就属于主观抽样。

主观抽样法具有简便易行、符合调查目的和特殊需要、可以充分利用调查样本的已知资料、被调查者配合度较高、资料回收率高等优点。主观抽样适用于总体的构成单位极不相同而样本数很小，同时调查者对总体的有关特征具有相当程度的了解（明白研究的具体指向）的情况，通常在商业性调查中较为多用。

但是，该类抽样结果受研究人员的倾向性影响大，一旦主观判断偏差，则容易引起抽样偏差，不能直接对调查总体进行推断。基于这种情况，要充分发挥主观抽样法的积极作用，对总体的基本特征必须相当清楚，做到心中有数。这样，才可能使所选定的样本具有代表性、典型性，从而才可能透过对所选样本的调查研究，了解和掌握总体的情况。

8）定额抽样。定额抽样又叫配额抽样，是指调查人员将调查总体样本按一定标志分类或分层，确定各类（层）单位的样本数额，在配额内任意抽选样本的抽样方式。定额抽样通常适用于小型市场。

定额抽样有独立控制定额抽样和相互控制定额抽样两种。独立控制定额抽样是指调查人员只对样本独立规定一种特征（或一种控制特性）下的样本数额。例如，在消费者需求调查中，按年龄特征分别规定不同年龄段的样本数目，就属于独立控制配额抽样。通常把消费者的年龄、性别、收入分别进行定额抽样而不考虑三个控制特性的交叉关系。相互控制定额抽样是指在按各类控制特性独立分配样本数额基础上，再采用交叉控制安排样本的具体数额的抽样方式。例如，某高校有 2 000 名学生，其中男生占 60%，女生占 40%；文科学生和理科学生各占 50%；一年级学生占 40%，二年级、三年级、四年级学生分别占 30%、20%、10%。现要用定额抽样方法依上述三个变量抽取一个规模为 100 人的样本。依据总体的构成和样本规模，可得到定额表（见表 3—4）。

表 3—4 定额表

	男生（60人）								女生（40人）							
	文科（30人）				理科（30人）				文科（20人）				理科（20人）			
年级	一	二	三	四	一	二	三	四	一	二	三	四	一	二	三	四
人数	12	9	6	3	12	9	6	3	8	6	4	2	8	6	4	2

定额抽样适用于调查者对总体有关特征具有一定了解而样本数较多的情况。实际上，定额抽样属于先“分层”（事先确定每层的样本量）再“判断”（在每层中以判断抽样的方法选取抽样个体），具有费用不高、易于实施、能满足总体比例的要求等优点。但定额抽样也有一定的缺点，即容易掩盖不可忽略的偏差。

9）滚雪球抽样。滚雪球抽样是以若干个具有所需特征的人为最初的调查对象，然后依靠他们提供合格的调查对象，再由这些调查对象提供第三批调查对象，依次类推，样本如同滚雪球般由小变大。第一批被调查者是采用概率抽样得来的，之后的被调查者都属于非概率抽样，此类被调查者彼此之间较为相似。滚雪球抽样多用于总体单位的信息不足或观察性研究的情况。滚雪球抽样的主要优点是可以大大地增加接触总体中所需群体的可能性，缺点是这种抽样中有些分子最后仍无法找到，有些分子被提供者漏而不提，两者都可能造成误差。

（5）抽样调查的误差

在抽样调查中，由于用样本指标代替全及指标所产生的误差可分为两种：一种是由于主观因素破坏了随机原则而产生的误差，称为系统性误差；另一种是由于抽样的随机性引起的偶然代表性误差。抽样误差仅仅是指后一种由于抽样的随机性而带来的偶然代表性误差，而不是指前一种因不遵循随机性原则而造成的系统性误差。

总的说来，抽样误差是指样本指标与全及指标之间的绝对误差。在进行抽样检查时不可避免会产生抽样误差，因为从总体中随机抽取的样本，其结构不可能和总体完全一致。例如，样本平均数与总体平均数之差$|\bar{x}-\bar{X}|$，样本成数与总体成数之差$|p-P|$。虽然抽样误差不可避免，但可以运用大数定律的数学公式加以精确地计算，确定其具体的数量界限，并可通过抽样设计加以控制。

抽样误差也是衡量抽样检查准确程度的指标。抽样误差越大，表明抽样总体对全及总体的代表性越小，抽样检查的结果越不可靠。反之，抽样误差越小，说明抽样总体对全及总体的代表性越大，抽样检查的结果越准确可靠。

二、市场调查方法的选择

1. 实地调查法

实地调查法包括访问询问法、观察调查法和实验调查法三种。

（1）访问询问法

访问询问法又称询问调查法，就是调查人员采用访谈询问的方式向被调查者了解市场情况的一种方法，它是市场调查中最常用的、最基本的调查方法。

访问询问法按访问方式分类，可分为直接访问和间接访问两种。按访问内容分类，可分为标准化访问和非标准化访问两种。按访问内容传递方式分类，可分为面谈调查、电话调查、邮寄调查、留置问卷调查和日记调查五种，五种方法优缺点的比较见表3—5。

表3—5　　五种访问询问法优缺点的比较

	面谈调查	电话调查	邮寄调查	留置问卷调查	日记调查
调查范围	较窄	较窄	广	较广	较广
调查对象	可控、可选	可控、可选	一般	可控、可选	可控、可选
影响回答的因素	能了解、控制和判断	无法了解、控制和判断	较难了解、控制和判断	能了解、控制和判断	能了解、控制和判断
回收率	高	较高	较低	较高	较高
回答速度	可快可慢	最快	慢	较慢	慢
回答质量	较高	高	较低	较高	较高
平均费用	最高	低	较低	一般	一般

1）面谈调查。面谈调查是指调查者根据调查提纲直接访问被调查者，当面询问有关问题，既可以通过口头询问形式进行个别面谈，也可以通过座谈会等形式进行群体面谈。

面谈调查的优点：回答率高，可通过调查人员的解释和启发来帮助被调查者完成调查任务；可以根据被调查者性格特征、心理变化、对访问的态度及各种非语言信息，扩大或缩小调查范围，具有较强的灵活性；可对调查的环境和调查背景进行了解。

面谈调查的缺点：人力、物力耗费较大，要求调查人员的素质较高，对调查人员的管理较困难，容易被调查对象拒绝而无法完成调查。

2）电话调查。电话调查是由调查人员通过电话向被调查者询问、了解有关问题的一种调查方法。

电话调查的优点：取得市场信息的速度较快，节省调查费用和时间，调查的覆盖面较广，可以访问到一些不易见到面的被调查者，可能得到比较坦诚的回答，易于控制市场调查实施的质量。

电话调查的缺点：受到时间的限制，被调查者可能因不了解调查的详尽、确切意图而无法回答或无法正确回答，对于某些专业性较强的问题无法获得所需的调查资料，无法针对被调查者的性格特点控制其情绪，访问的成功率可能较低。

3）邮寄调查。邮寄调查是将调查问卷邮寄给被调查者，由被调查者根据调查问卷的填写要求填写好后寄回的一种调查方法。

邮寄调查的优点：可扩大调查区域，调查成本较低，被调查者有充分的答卷时间，可让被调查者以匿名的方式回答一些个人隐私问题，无须对调查人员进行培训和管理。

邮寄调查的缺点：征询回收率较低，回收时间较长，无法判断被调查者的性格特征和其回答的可靠程度，要求被调查者具有一定的文字理解能力和表达能力。

4）留置问卷调查。留置问卷调查是指当面将调查表交给被调查者，说明调查意图和要求，由被调查者自行填写回答，再由调查者按约定日期收回的一种调查方法。

5）日记调查。日记调查是指对固定样本连续调查的单位发放登记表格，由被调查者逐日、逐项记录，再由调查人员定期加以整理汇总的一种调查方法。

访问询问法的实施过程如下：

第一步：访问开始阶段

准备接近被调查者，采用开门见山或侧面接近的方式接近被调查者。

第二步：访问实施阶段

①按照事先拟订的访问提纲逐个进行访问，防止偏离访问提纲，如采用问卷调查，则可以按照问卷所列问题的先后顺序回答。

②在访问过程中，对需要引导和追问的问题，调查人员要做必要的引导和追问。

③在访问过程中，如果涉及被调查者的隐私问题，应加强保密。

④在必要和时间允许的条件下，可先从被调查者关心的话题开始，逐渐缩小访问范围，最后问及所要提问的问题。

⑤在访问过程中，调查人员应该始终保持公平、中立的立场。

第三步：访问结束阶段

调查者在访问结束后，首先，应该迅速地将全部访谈的内容进行检查，对于一些不太清楚的地方应马上向被调查者核实；其次，调查人员应该做好被调查者身份信息的登记；再次，调查人员应该向被调查者表达谢意。

（2）观察调查法

观察调查法是调查人员凭借自己的感官和各种记录工具，深入调查现场，在被调查者未察觉的情况下，直接观察和记录被调查者行为，以收集市场信息的一种方法。观察调查法简称观察法，有直接观察和测量观察两种基本类型。

直接观察就是观察人员直接到商店、家庭、街道等处进行实地观察。一般是只看不问，不使被调查者感觉到在接受调查。这样的调查比较自然，容易得到真实信息。这种方法可观察消费者选购商品时的表现，有助于研究消费者行为。

测量观察就是运用电子仪器或机械工具进行记录和测量。例如，某广告公司想了解电视广告的效果，选择了一些家庭作为调查样本，把一种特殊设计的“测录器”装在这些家庭的电视机上，自动记录所收看的节目。经过一定时间，了解到了哪些节目收看的人最多，之后在工作中根据调查结果合理安排电视广告的播出时间，收到了很好的效果。

观察调查法的主要内容包括：

1）观察消费者的行为。了解消费者行为，可促使企业有针对性地采取恰当的促销方式。所以，调查者要经常观察或者摄录消费者在商场、销售大厅内的活动情况。如消费者在购买商品之前，主要观察什么，是商品价格、商品质量还是商品款式等；消费者对商场的服务态度有何议论等。

2）观察消费者流量。观察消费者流量对商场改善经营、提高服务质量有很大好处。例如，观察一天内各个时间进出商店的消费者数量，可以合理安排营业员工作的时间，更好地为消费者服务；又如，为新商店选择地址或研究市区商业网点的布局，也需要对客流量进行观察。

3）观察产品使用情况。调查人员到产品用户使用地观察调查，可以了解产品质量、性能及用户反映等情况，实地了解使用产品的条件和技术要求，从中发现产品更新换代的前景和趋势。

4）观察商店柜台及橱窗布置。为了提高服务质量，调查人员要观察商店内柜台布局是否合理，消费者选购、付款是否方便，柜台商品是否丰富，消费者到台率与成交率以及营业员的服务态度如何等。

观察调查法的优点是可以实地记录市场现象的发生，能够获得直接具体的生动材料，对市场现象的实际过程和当时的环境气氛都可以了解，这是其他方法不能比拟的。观察调查法不要求被调查者具有配合调查的语言表达能力或文字表达能力，因此适用性也比较强。观察调查法还有资料可靠性高、操作简便易行、灵活性强等优点。观察法的缺点是只能观察到人的外部行为，不能说明其内在动机，观察活动受时间和空间的限制，被调查者有时难免受到一定程度的干扰而不完全处于自然状态等。总之，应用观察调查法，应注意扬长避短，尽量减少观察误差。

（3）实验调查法

实验调查法是指市场调查者有目的、有意识地改变一个或几个影响因素，来观察市场现象在这些因素影响下的变动情况，以认识市场现象的本质特征和发展规律。实验调查既是一种实践过程，又是一种认识过程，并将实践与认识统一为调查研究过程。企业的经营活动中经常运用这种方法，如开展一些小规模的包装实验、价格实验、广告实验、新产品销售实验等，来测验这些措施在市场上的反应，以实现对市场总体的推断。

应用实验调查法的一般步骤是：①根据市场调查的课题提出研究假设；②进行实验设计，确定实验方法；③选择实验对象；④进行实验；⑤分析、整理实验资料并做实验检测；⑥得出实验结论。实验调查只有按这种科学的步骤来开展，才能迅速取得满意的实验效果。

根据是否设置对照组或对照组的多少，可以设计出多种实验方案。最基本、最常用的实验方案如下：

1）单一实验组前后对比实验。选择若干实验对象作为实验组，将实验对象在实验活动前后的情况进行对比，得出实验结论。在市场调查中，经常采用这种简便的实验调查。例如，某食品厂为了提高糖果的销售量，认为应改变原有的陈旧包装，并为此设计了新的包装图案。为了检验新包装的效果，以决定是否在未来推广新包装，厂家取 A、B、C、D、E 五种糖果作为实验对象，对这五种糖果在改变包装的前一个月和后一个月的销售量进行了检测，得到的实验结果见表 3—6。

表 3—6　　单一实验组前后对比表　　单位：千克

糖果品种	实验前销售量 Y_0	实验后销售量 Y_n	实验结果 Y_n-Y_0
A	300	340	40
B	280	300	20
C	380	410	30

续表

糖果品种	实验前销售量 Y_0	实验后销售量 Y_n	实验结果 Y_n-Y_0
D	440	490	50
E	340	380	40
合计	1 740	1 920	180

改变包装比不改变包装销售量大，说明消费者不仅注意糖果的质量，也对其包装有所要求。因此断定，改变糖果包装，以促进其销售量增加的研究假设是合理的，厂家可以推广新包装。但应注意，市场现象可能受许多因素的影响，销售增加量不一定只是改变包装引起的。

单一实验组前后对比实验，只有在实验者能有效排除非实验变量的影响，或者是非实验变量的影响可忽略不计的情况下，实验结果才能充分成立。

2）实验组与对照组对比实验。选择若干实验对象为实验组，同时选择若干与实验对象相同或相似的调查对象为对照组，并使实验组与对照组处于相同的实验环境之中。例如，某食品厂为了解面包的配方改变后消费者有什么反应，选择了 A、B、C 三个商店为实验组，再选择与之条件相似的 D、E、F 三个商店为对照组进行观察。观察一周后，将两组对调再观察一周，其检测结果见表 3—7。

表 3—7　　实验组与对照组对比表　　单位：百袋

	原配方销售量		新配方销售量	
	第一周	第二周	第一周	第二周
A		37	43	
B		44	51	
C		49	56	
D	35			41
E	40			47
F	45			52
合计	120	130	150	140

从表 3—7 中可知，两周内原配方面包共销售了 120+130=250（百袋），新配方面包共销售了 150+140=290（百袋）。这说明改变配方后增加了 40 百袋的销售量，对企业很有利。

实验组与对照组对比实验，必须注意两者具有可比性，即两者的规模、类型、地理位置、管理水平、营销渠道等各种条件应大致相同。只有这样，实验结果才具有较高的准确性。但是，这种方法对实验组和对照组都是采取实验后检测，无法反映实验前后非实验变量对实验对象的影响。为弥补这一点，可将上述两种实验进行综合设计。

3）实验组与对照组前后对比实验。这是对实验组和对照组都进行实验前后对比，再将实验组与对照组进行对比的一种双重对比的实验法。此种方法吸收了前两种方法的优点，也弥补了前两种方法的不足。

例如，某公司在调整商品配方前进行实验调查，分别选择了 3 个企业组成实验组和对照组，对其月销售额进行实验前后对比，并综合检测出了实际效果，见表 3—8。

表 3—8　　双组前后对比表　　单位：万元

实验单位	前检测	后检测	前后对比	实验效果
实验组	$Y_0=2\ 000$	$Y_n=3\ 000$	$Y_n-Y_0=1\ 000$	$(Y_n-Y_0)-(X_n-X_0)$
对照组	$X_0=2\ 000$	$X_n=2\ 400$	$X_n-X_0=400$	$=1\ 000-400$

检测结果显示，实验组的变动量 1 000 万元，包含实验变量即调整配方的影响，也包含其他非实验变量的影响；对照组的变动量 400 万元，不包含实验变量的影响，只有非实验变量的影响，因为对照组的商品配方未改变。实验效果是从实验变量和非实验变量共同影响的销售额变动量中，减去由非实验变量影响的销售额变动量，反映调整配方这种实验变量对销售额的影响作用。由此可见，实验组与对照组前后对比实验，是一种更为先进的实验调查方法。

实验调查法的优点：通过实验活动提供市场发展变化的资料，不是等待某种市场现象发生了再去调查，而是积极主动地改变某种条件，来揭示或确立市场现象之间的相关关系；实验调查法不但可以说明是什么，而且可以说明为什么，还具有可重复性，因此其结论的说服力较强；实验调查法对检验宏观管理方针政策与微观管理措施办法的正确性来说，都是一种有效的方法。

实验调查法的缺点：在进行市场实验时，由于不可控因素较多，很难选择有充分代表性的实验对象和实验环境，因此实验结论往往带有一定的特殊性，实验结果的推广会受到一定的影响；实验调查法还有花费时间较多、费用较高、实验过程不易控制、实验情况不易保密、竞争对手可能会有意干扰现场实验结果等缺点。这些缺点使实验调查法的应用有一些局限性，市场调查人员对此应给予充分的注意。

2. 文案调查法

文案调查法又称直接调查法，是利用企业内部和外部现有的各种信息、情报资料，对调查内容进行分析研究的一种调查方法。与实地调查法相比，文案调查法具有以下几个特点：文案调查是收集已经加工过的次级资料，而不是对原始资料的收集；文案调查法以收集文献性信息为主，所收集的资料包括动态和静态两个方面，尤其偏重于动态方面。

（1）文案调查的渠道

文案调查应围绕调查目的，收集一切可以利用的现有资料。从企业经营的角度讲，现有资料包括企业内部资料和企业外部资料。因此，文案调查的渠道也主要是这两种。

1）企业内部资料的收集主要是收集企业经济活动的各种记录，主要包括以下三种：业务资料，即与企业业务经济活动有关的各种资料，如订货单、进货单、发货单、合同文本、发票、销售记录、业务员访问报告等；统计资料，即各类统计报表，企业生产、销售、库存等各种数据资料，各类统计分析资料等；财务资料，财务资料反映了企业活动和物化管理占用和消耗情况及所取得的经济效益，通过对这些资料的研究，可以确定企业的发展前景，考核企业经济时效；企业积累的其他资料，如剪报、各种调查报告、经验总结、消费者意见和建议、同业卷宗及有关照片和录像等。例如，根据消费者对企业经营产品质量和售后服务的意见，就可以对如何改进产品质量加以研究。

2）企业外部资料的收集。对于企业外部资料，可从以下几个主要渠道加以收集：统计部门与各级各类政府主管部门公布的有关资料；各种经济信息中心、专业信息咨询机构、行业协会和联合会提供的市场信息和有关行业情报；国内外有关的书籍、报纸、杂志所提供的文献资料，包括各种统计资料、广告资料、市场行情和各种预测资料等；有关生产和经营机构提供的商品目录、广告说明书、专利资料及商品价目表等；各地电台、电视台提供的有关市场信息；各种国际组织、外国使馆、商会所提供的国际市场信息；国内外各种博览会、展销会、交易会、订货会等促销会议以及专业性、学术性经验交流会议上所发放的文件和材料等。

（2）文案调查的方法

1）参考文献查找法。参考文献查找法是利用有关著作、论文的末尾所开列的参考文献目录，或者是文中所提到的某些文献资料，以此为线索追踪、查找有关文献资料的方法。采用参考文献查找法，可以提高资料查找效率。

2）检索工具查找法。检索工具查找法是利用已有的检索工具查找文献资料的方法。依据检索工具不同，检索方法主要有手工检索和计算机检索两种。

3. 网络调查法

网络调查法是通过互联网，针对调查问题进行调查的方法，是借助互联网的特性来实现一定营销目标和调查目的的一种手段。网络调查常用的方法有电脑网络访谈法、电子邮件问卷调查法、被动问卷法、使用 BBS 电子公告板进行网络市场调查法、委托市场调查机构调查法等。

网络调查作为一种新兴的调查方法，与传统调查和其他调查相比有很强的优越性，具体见表 3—9、表 3—10。

表 3—9　　网络调查与传统调查比较

调查项目＼调查方式	网络调查	传统调查
调查费用	较低，主要是设计费和数据处理费。每份问卷所要支付的费用几乎是零	昂贵，要支付包括问卷设计、印刷、发放、回收、聘请和培训调查员、录入调查结果及聘请专业市场研究公司对问卷进行统计分析等多方面的费用
调查范围	全国乃至全世界，样本数量庞大	受成本限制，调查地区和调查样本均有限制
运作速度	很快，只需搭建平台，数据库可自动生成，几天就可能得出有意义的结论	很慢，至少需要 2~6 个月才能得出结论

续表

调查方式 调查项目	网络调查	传统调查
调查的时效性	全天候进行	不同的被调查者对其可进行调查的时间不同
被调查者的便利性	非常便利，被调查者可自行决定时间、地点回答问卷	不便利，要跨越空间障碍到达调查地点
调查结果的可信性	相对真实可信	一般有督导员对问卷进行审核，措施严格，可信性高
适用性	适合长期的大样本调查；适合要迅速得出结论的情况	适合面对面地深度访谈；对某些产品的调查需要对被调查者进行感观测试

表 3—10　　网络调查与其他调查比较

调查方式 调查项目	网络调查	面谈调查	电话调查	邮寄调查
成本	很低	很高	中	低
回复速度	快	立即	立即	慢
可接近性	很低	很高	较低	较高
到达范围	很大	很小	中	较大
调查准确度	低	不确定	中	很高
耗费时间	很短	长	中	长

任务实施

针对本任务，首先应该确定向谁进行调查，根据调查对象选择调查方式；其次，当调查方式确定好以后，可以根据相应的调查对象情况选择具体的调查方法。

一、确定调查方式

本任务可以选择抽样调查方式开展市场调查。

二、确定调查对象

1. 把学校的宿舍楼按男、女分成两类，再用简单抽样在两类宿舍中各抽取一栋。男生宿舍抽取了 I 栋，女生宿舍抽取了 G 栋。

2. 利用等距抽样在抽取的宿舍楼中，计算出组距，按一定的间隔抽取 100 间宿舍。

三、确定调查方法

1. 本次调查主要采用访问询问法，利用调查问卷进行留置访问，并约定取问卷的时间。

2. 本次调查将对一小部分学生进行深度访谈，以了解深层次的因素。

思考题

1. 市场调查的方式有哪些?
2. 市场调查的方法有哪些?

任务2 市场调查资料的整理与分析

知识目标

- 掌握市场调查资料整理的内容
- 掌握市场调查资料审核的内容
- 掌握市场调查资料分组处理的方法

能力目标

- 能够正确、及时、完整地整理市场调查资料
- 能够运用市场调查资料分组处理的多种方法

任务引入

市场调查实施后，A凉茶公司调查组已经采集了相应的调查数据，接下来将对这些调查数据采用统计方法进行整理与分析。假如你是这项工作的执行者，你将如何对资料进行整理与分析呢?

任务分析

市场调查资料的整理与分析是市场调查过程中非常重要的环节。对于市场调查资料的整理与分析，首先，应将收集回来的问卷原始数据形成相应的统计表；其次，应根据统计表形成直观的统计图；再次，根据统计图表对数据进行分析。

相关知识

一、市场调查原始资料整理

市场调查原始资料整理是根据市场研究的需要，对市场调查获得的大量原始资料进行审核、分组、汇总、列表，或对二手资料进行再加工的工作过程。其任务在于使市场调查资料综合化、系列化、层次化，为揭示和描述调查现象的特征、问题和原因提供初步加工的信息，为进一步的分析研究准备数据。

市场调查资料整理的内容主要包括数据确认、数据处理和数据陈示。数据确认是指对原

始数据或二手资料进行审核，以查找问题、采取补救措施、确保数据质量。数据处理是指对问卷或调查表提供的原始数据进行分类和汇总，或者对二手数据进行再分类和调整的过程。数据陈示是指对加工整理后的数据用统计表、统计图、数据库、数据报告等形式表现出来。

市场调查资料的整理一般包括下列工作程序：

第一，编辑。市场调查人员刚开始进行有关项目的具体调查工作时，经常难以十分清楚地分辨出哪些是有重要参考价值的资料，哪些是无关资料。所以要选取有用的资料，并查对资料的准确性和连贯性。

第二，汇总。汇总资料工作所提出的要求是将已经收集到的并经过编辑选取出来的大量资料从形态上进行编组或按大类分别集中，使之成为某种可供备用的形式，以备调用。

第三，分类。资料的分类对资料的分析工作是必不可少的。进行资料分析工作时，无论到达何种程序，都需要在汇总的基础上将有关调查资料再做较为明细的分类，如根据问题的论点对资料进行分类，以便有针对性地提供情况和说明问题。

1. 原始资料的审核

（1）审核的内容

1）齐备性。检查收回的问卷份数是否齐全，是否达到了样本量的要求。

2）完整性。检查问卷填答的项目是否完整，并做出处理：大量问项无回答应做废卷处理；个别问项个别无回答，归入“暂未决定”或“其他答案”中；个别问项大量无回答，可做删除此项提问处理。

3）准确性。检查问卷或调查表中的项目是否存在填答错误：逻辑性错误答案，用电话核实或按“不详值”对待；答非所问的答案，用电话询问或按“不详值”对待；乏兴回答的答案，若个别问卷则抛弃，若同一问题有不少问卷乏兴回答可作为子样本看待。

4）时效性。检查调查访问时间和数据的时效性。若延迟访问对调查结果无影响，则问卷有效；若延迟访问对调查结果有影响，则废弃此问卷。

5）真伪性。检验问卷或调查表的真实性。抽样复检调查员是否到访，若调查员伪造问卷应作废弃处理，并派员重访。

（2）审核的作业方式

实行一卷或一表从头审到尾，有利于贯彻审核的一致性原则和明确审核员的责任，而分段作业和分段审核，容易产生责任不清的问题。

（3）审核的办法

1）逻辑审核。利用逻辑和经验判断的方法，检查问卷或调查表中的填答项目是否合理，项目之间有无相互矛盾的地方，有无不应有的空白，有无不合理的填答，有无乏兴填答、答非所问或部分项目不回答等。

2）计算审核。计算审核主要是对数据进行计算性的检查，如分量相加是否等于小计，小计相加是否等于合计，数据之间该平衡的是否平衡，各项数据在计算方法、计算口径、计量单位、时间属性等方面是否有误等。

2. 原始资料的分组处理

(1) 简单分组处理

简单分组处理是指对总体各单位或样本各单位只按一个标志或标准进行分组处理。分组的标志或标准一般可以区分为品质属性、数量属性、时间属性、空间属性四类。

例如，某市组织了一次样本量为 2 000 户的居民家庭空调满意度和购买行为的市场调查，设计的问项是 36 个，其中基本项目 9 项，主体项目 27 项，见表 3—11。

表 3—11　　某市居民家庭空调满意度调查的项目设计

基本项目	空调拥有状况	满意度项目	需要项目
1. 性别	10. 拥有量	19. 制冷效果	28. 需求数量
2. 年龄	11. 品牌	20. 制热效果	29. 需求时间
3. 文化程度	12. 机型	21. 节电效果	30. 品牌选择
4. 职业	13. 功率	22. 噪声大小	31. 机型选择
5. 所属行业	14. 购买时间	23. 外观设计	32. 功率选择
6. 家庭人口	15. 购买地点	24. 组件质量	33. 价位选择
7. 就业人口	16. 购买因素	25. 价格水平	34. 购点选择
8. 年人均收入	17. 信息渠道	26. 送货安装	35. 关注要素
9. 居住城区	18. 价格	27. 维修服务	36. 由谁决定

1) 品质属性分组数列。品质属性分组数列是以被调查者的职业、所属行业、性别、文化程度等品质属性作为分组标志而形成的简单品质数列，如某市居民家庭空调拥有量品牌分布数据就属于品质属性分组数列，见表 3—12。

表 3—12　　某市居民家庭空调拥有量品牌分布

品牌	A	B	C	D	E	F	G	合计
拥有量（台）	369	665	775	444	406	261	230	3 150
比重（%）	11.7	21.1	24.6	14.1	12.9	8.3	7.3	100.0

2) 数量属性分组数列。数量属性分组数列是以被调查者的年龄、收入、消费支出、家庭人口、就业人口等数量属性作为分组标志形成的变量数列。有如下两种形式：

①单项式变量数列。适应于离散型变量（如家庭人口、就业人口、耐用品拥有量、需求量等）的分组处理，即直接以变量的不同取值作为组别而编制的变量数列，如某市居民空调拥有台数分布数据就属于单项式变量数列，见表 3—13。

表 3—13　　某市居民家庭空调拥有台数分布

拥有量	0 台	1 台	2 台	3 台	4 台	5 台以上	合计
家庭数（户）	300	708	646	274	52	20	2 000
比重（%）	15.0	35.4	32.3	13.7	2.6	1.0	100.0

②组距式变量数列。适应于连续变量（如年龄、收入、消费支出等）的分组处理，即以变量的不同取值区间作为分组的组别而编制的变量数列，如某市居民家庭人均年收入分布数据就属于组距式变量数列，见表3—14。

表3—14 某市居民家庭人均年收入分布

组别	样本户数（户）	比重（%）
0.5万元以下	180	9.0
0.5万~1万元	220	11.0
1万~2万元	320	16.0
2万~3万元	500	25.0
3万~4万元	360	18.0
4万~5万元	260	13.0
5万元以上	160	8.0
合计	2 000	100.0

3）时间属性分组数列。时间属性分组数列是以调查问卷中的一些时间属性的调查项目（如购买时间、需求时间）作为分组标志，对被调查者的时间选项进行分组而形成的时间数列，如某市居民家庭现有空调购买时间分布数据就属于时间属性分组数据，见表3—15。

表3—15 某市居民家庭现有空调购买时间分布

购买年数	1年	2年	3年	4年	5年	6年	6年以上	合计
空调数（台）	652	592	551	513	479	310	53	3 150
比重（%）	20.7	18.4	17.5	16.3	15.6	9.8	1.7	100.0

4）空间属性分组数列。空间属性分组数列是以调查问卷中的某些具有空间属性的调查项目（如被调查者的居住区域、购买产品的场所等）作为分组标志而形成的空间数列，如某市居民家庭现有空调购买场所分布数据就属于空间属性分组数据，见表3—16。

表3—16 某市居民家庭现有空调购买场所分布

购买场所	百货商场、超市	空调专卖店	电器城	厂家直销	旧货市场	合计
家庭（户）	547	554	534	48	17	1 700
比重（%）	32.2	32.6	31.4	2.8	1.0	100.0

（2）平行分组处理

平行分组处理是对总体各单位或样本各单位同时采用两个或两个以上的标志或标准进行平行排列的分组，所编制的分组数列称为平行分组数列。

1）两变量（项目）平行分组数列。它是将两个有联系的调查项目按相同选项分组的结果并列在一起而编制的平行分组数列，见表3—17。

表 3—17　某市居民家庭空调品牌分布

品牌	A	B	C	D	E	F	G	合计
拥有量（台）	369	665	775	444	406	261	230	3 150
比重（%）	11.7	21.1	24.6	14.1	12.9	8.3	7.3	100.0
需求量（台）	103	192	183	140	110	68	52	848
比重（%）	12.1	22.6	21.6	16.5	13.0	8.0	6.2	100.0

2）多变量（多项目）平行分组数列。它是将两个以上有联系的调查项目按相同选项分组的结果并列在一起而编制的平行分组数列，见表 3—18。多变量（多项目）平行分组数列常用于产品或服务满意度测评、被调查者态度测量等原始资料的加工开发。

表 3—18　某市居民家庭空调满意度测评汇总表

测评项目	很满意	满意	较满意	不满意	很不满意	合计
1. 制冷效果	261	328	686	340	85	1 700
2. 制热效果	272	330	514	386	198	1 700
3. 节电效果	272	330	514	386	198	1 700
4. 噪声大小	115	230	680	365	310	1 700
5. 外观设计	202	324	860	230	84	1 700
6. 产品价格	212	396	726	285	81	1 700
7. 配件质量	98	283	606	390	323	1 700
8. 送货安装	120	286	698	324	272	1 700
9. 维修服务	120	286	695	326	273	1 700

（3）交叉分组数列

交叉分组数列是对总体各单位或样本各单位采用两个或两个以上的标志或调查项目进行交叉分组，所编制的数列一般表现为相关分组数列或复合分组数列。

1）基本项目之间的交叉分组处理。它是利用反映被调查者基本情况的基本调查项目之间的关联性进行交叉分组处理。

2）基本项目与主体项目之间的交叉分组处理。它是利用问卷中的基本项目与主体项目之间的关联性进行交叉分组处理，用以揭示不同性别、不同年龄、不同行业、不同职业、不同文化程度、不同居住区域、不同家庭人口的被调查者对研究的主体项目选项回答的差异性、相关性等深层次问题。表 3—19 为两变量交叉分组列表。

表 3—19　被调查者性别与文化程度分布　单位：人

文化程度＼性别	男	女	合计
小学以下	6	4	10

续表

文化程度＼性别	男	女	合计
初中	210	176	386
高中/高职	297	321	618
专科	248	265	513
大学本科	226	177	403
硕士/博士	48	22	70
合计	1 035	965	2 000

3）三变量交叉列表。它是在两变量交叉列表的基础上加入第三个变量进行交叉分组处理的结果，见表3—20。

表3—20　　被调查者对空调维修服务满意度测评汇总表

态度测评选项	男			女			合计
	大学以下	大学以上（含）	小计	大学以下	大学以上（含）	小计	
很满意	135	116	251	124	40	164	415
较满意	126	48	174	141	95	236	410
一般	124	52	176	136	46	182	358
不满意	196	46	242	170	13	183	425
很不满意	180	12	192	195	5	200	392
合计	761	274	1 035	766	199	965	2 000

3. 原始资料的统计汇总

原始资料的统计汇总技术有以下两类。

（1）计算机汇总技术

1）选用或开发合适的数据处理软件。

2）编码。包括事前编码（预编码）和事后编码。事前编码即问卷设计时问项答案的代码。事后编码包括开放式问题的答案整理编码、交叉分组处理编码和平行分组处理编码。

3）数据录入。一般是由数据录入员根据编码的规则（编码明细单）将数据从调查问卷上直接录入计算机数据录入软件系统中，系统会自动进行记录和存储。

4）逻辑检查。运用事先设计的计算机逻辑错误检查程序进行检查，以防止录入的逻辑错误的产生。

5）汇总制表。利用设定的计算机汇总与制表程序自动生成各种分组表。

（2）手工汇总技术

1）问卷分类法。将全部问卷按照问项设计的顺序和分组处理的要求，依次对问项答案进行问卷分类，分别清点有关问卷的份数，就可得到各个问题答案的选答次数。

2）折叠法。将全部调查问卷中的同一问项及答案折叠起来，并一张一张地叠在一起，用别针或回形针别好，然后计点各个答案选择的次数，填入事先设计的分组表内。

3）划记法。事先设计好空白的分组统计表，然后对所有问卷中的相同问项的不同答案一份一份地进行查看，并用划记法划记（常用“正”字划记），全部问卷查看与划记完毕，即可统计出相同问项下的不同答案的次数，最后过录到正式的分组统计表上。

4）卡片法。利用摘录卡作为记录工具，对开放式问题的回答或深层访谈的回答进行过录或记录，然后再依据这些卡片进行意见归纳处理。

二、市场调查次级资料加工整理

1. 市场调查次级资料加工整理程序

市场调查次级资料加工整理的程序如图 3—6 所示。

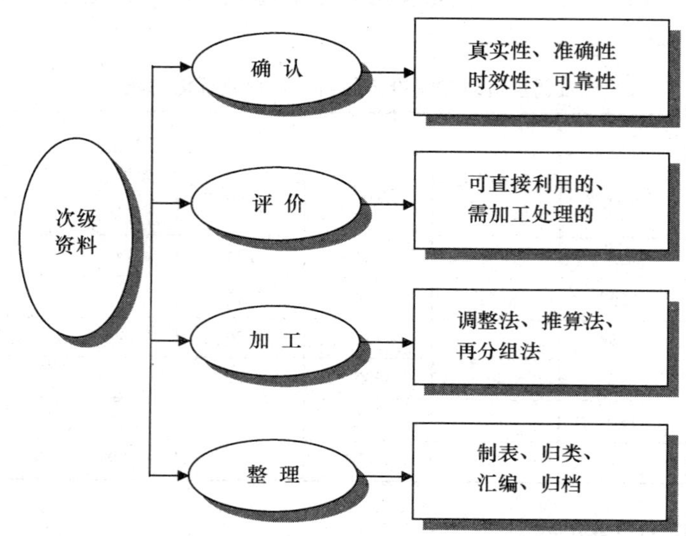

图 3—6 市场调查次级资料加工整理程序

2. 历史数据的整序与开发

按历史数据取值的属性不同，可分别加工开发出以下六类时间数列。

（1）品质属性时间数列

品质属性时间序列是指对统计指标按品质属性分组，并依时间先后顺序取值而编制的时间数列。例如，某空调厂近六年分品种的产品销售量数列为品质属性时间数列，见表 3—21。

表 3—21 某空调厂近六年分品种的产品销售量 单位：万台

品种＼年份	2012	2013	2014	2015	2016	2017
1 匹挂机	10.2	11.8	13.1	15.3	18.1	20.4
1.5 匹挂机	23.5	26.4	29.3	32.4	36.6	42.8

续表

品种＼年份	2012	2013	2014	2015	2016	2017
一拖二挂机	22.3	24.6	27.8	30.2	34.8	40.2
二拖三挂机	14.4	16.1	18.2	20.0	22.0	24.6
2 匹柜机	20.8	22.1	22.3	25.4	27.1	33.1
2 匹以上柜机	17.0	17.5	19.4	20.1	22.0	22.4
合计	108.2	118.5	130.1	143.4	160.6	183.5

（2）数量属性时间数列

数量属性时间数列是指对统计指标按数量属性分组，并依时间先后顺序取值而编制的时间数列。例如，某空调厂近三年全部客户分类统计数列为数量属性时间数列，见表 3—22。

表 3—22　　某空调厂近三年全部客户分类统计

客户订购量分类	2015 年		2016 年		2017 年	
	客户数	订购量	客户数	订购量	客户数	订购量
0.5 万台以下	50	8.2	53	8.6	58	9.2
0.5 万~1.0 万台	16	11.5	18	12.6	20	14.5
1.0 万~1.5 万台	15	18.8	15	18.9	16	20.2
1.5 万~2.0 万台	9	15.1	10	16.8	11	18.5
2.0 万~5.0 万台	5	13.5	6	16.1	7	19.2
5 万~10.0 万台	4	34.2	5	42.7	5	43.0
10 万台以上	3	42.1	3	44.9	4	58.9
合计	102	143.4	110	160.6	121	183.5

（3）空间属性时间数列

空间属性时间数列是指对统计指标按空间属性列出不同的地区（或部门、业），并将不同年份或月份的数据排列起来而编制的时间数列。例如，某空调厂近六年空调分店销售量分布数列为空间属性时间数列，见表 3—23。

表 3—23　　某空调厂近六年空调分店销售量分布　　单位：万台

店别编号	2012 年	2013 年	2014 年	2015 年	2016 年	2017 年
1	32.3	32.8	35.4	37.8	40.2	51.6
2	21.6	23.4	25.8	27.3	31.1	35.4
3	11.4	11.8	12.1	13.2	16.6	18.8
4	8.3	8.6	8.6	8.7	8.8	8.6
5	9.6	10.4	11.3	12.3	13.8	13.4
6	6.1	6.5	7.0	7.3	8.0	8.2

续表

店别编号	2012 年	2013 年	2014 年	2015 年	2016 年	2017 年
7	7.4	8.6	9.4	10.4	12.5	15.5
8	5.8	9.2	12.0	17.6	20.7	23.2
9	5.7	7.2	8.5	8.8	8.9	8.8
合计	108.2	118.5	130.1	143.4	160.6	183.5

（4）季节属性时间数列

季节属性时间数列是指对统计指标按月份、季度取值，并按年度顺序排序起来的时间数列。季节属性时间数列可以研究现象发展变化的趋势和淡旺季变化规律。例如，某空调厂近六年分季空调销售量统计数列为季节属性时间数列，见表 3—24。

表 3—24　　某空调厂近六年分季空调销售量统计　　单位：万台

年份	一季度	二季度	三季度	四季度	全年
2012	11.9	28.4	37.8	30.1	108.2
2013	14.2	31.4	42.7	30.2	118.5
2014	15.0	33.6	45.1	36.4	130.1
2015	16.2	38.0	50.5	38.7	143.4
2016	18.5	42.4	57.2	42.5	160.6
2017	20.2	47.7	64.8	50.8	183.5

（5）平衡属性时间数列

平衡属性时间数列是指将具有收支平衡关系的若干统计指标的分年度（或分季、分月）、分单位的统计数据排列起来而编制的时间数列。例如，某空调厂近六年空调产销统计数列为平衡属性时间数列，见表 3—25。

表 3—25　　某空调厂近六年空调产销统计　　单位：万台

年份	年初存量	当年生产量	当年销售量	当年出口量	年末存量
2012	13.4	136.1	108.2	27.5	13.8
2013	13.8	144.8	118.5	28.0	12.1
2014	12.1	167.6	130.1	35.6	14.0
2015	14.0	188.3	143.4	44.1	14.8
2016	14.8	212.9	160.6	53.5	13.6
2017	13.6	246.6	183.5	64.6	12.1

（6）相关属性时间数列

相关属性时间数列是指将某一重要的统计指标与企业内部或外部的一些有关联的其他性质的统计指标数据分年（季、月）或分地区、分单位组织起来而编制的时间数列。例如，某空调厂与全行业产销统计数列为相关属性时间数列，见表 3—26。

表 3—26　某空调厂与全行业空调产销统计　单位：万台

项目＼年份	2012	2013	2014	2015	2016	2017
1. 全行业生产量	1 337.6	1 826.7	2 333.6	3 135.1	3 433.8	4 110.3
本厂生产量	136.1	144.8	167.6	188.3	212.9	246.6
2. 全行业销售量	1 333.5	1 820.0	2 330.1	3 131.4	3 430.6	4 108.6
本厂销售量	135.7	146.5	165.7	187.5	214.1	248.1

三、市场调查资料的表现形式

市场调查资料整理的最终结果要借助于一定的形式表现出来，以供调查者和用户阅读、使用和分析研究。数据表现的形式主要有统计表、统计图、数据库、数据报告等。下面主要介绍统计表和统计图两种常用形式。

1. 统计表

统计表是以纵横交叉的线条所绘制表格来陈示数据的一种形式。用统计表陈示数据资料有两大优点：一是能有条理地、系统地排列数据，使人们阅读时一目了然，印象深刻；二是能合理地、科学地组织数据，便于人们阅读时对照比较。

统计表从形式上看，是由总标题、横行标题、纵栏标题、指标数值四个部分构成。总标题是统计表的名称，概括统计表的内容，写在表的上端中部；横行标题是横行的名称，即各组的名称，写在表的左方；纵栏标题是纵栏的名称，即指标或变量的名称，写在表的上方；指标数值列在横行标题和纵栏标题所围的区域中，见表 3—27。

表 3—27　婚姻、性别与时装购买选择分布表　←——总标题

横行标题——→（指向“时装购买选择”）　←——纵栏标题（指向“男性／女性”）　←——指标数值（指向表中数值）

时装购买选择	男性			女性		
	小计	已婚	未婚	小计	已婚	未婚
高档时装	171	125	46	169	75	94
中档时装	219	164	55	203	135	68
低档时装	130	101	29	108	90	18
被调查者人数	520	390	130	480	300	180

统计表从内容上看，由主词和宾词两大部分构成。主词是统计表所要说明的总体各个构成部分或组别的名称，列在横行标题的位置。宾词是统计表所要说明的统计指标或变量的名称和数值，宾词中的指标名称列在纵栏标题的位置。有时为了编排的合理和使用的方便，主词和宾词的位置可以互换。

2. 统计图

统计图是以圆点多少、直线长短、曲线起伏、条形长短、柱状高低、圆饼面积大小、体

积大小、实物形象大小或多少、地图分布等图形来陈示调查数据的形式。用统计图陈示调查数据能揭示现象发展变化的趋势、相互关系和变化规律，便于表达、宣传、讲演和辅助统计分析。但统计图包含的统计项目较少，且只能显示出调查数据的概数，故统计图常配合统计表、市场调查报告使用。下面介绍几种常用的统计图。

（1）直线图

直线图是以直线的长短来表示品质属性数列中各组频数或频率大小的图形。常以横轴代表品质属性的不同组别，纵轴代表各组的频数或频率。如图 3—7 所示为某市居民空调拥有量品牌分布的直线图。

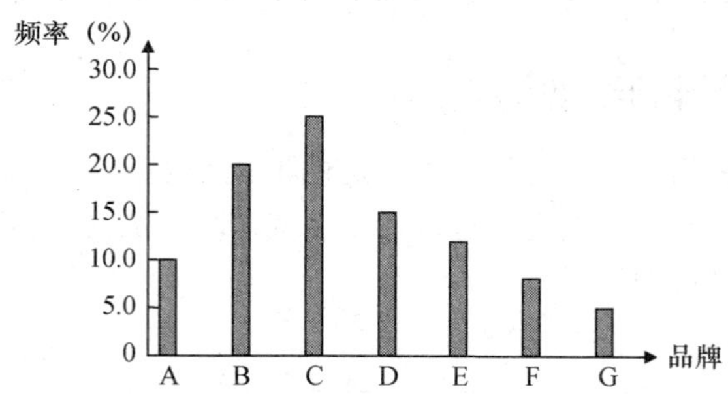

图 3—7　某市居民空调拥有量品牌分布的直线图

（2）条形图

条形图是以若干等宽平行长条或圆柱的长短来表示品质属性数列中各组频数或频率大小的图形。通常以横轴代表不同的组别，纵轴代表各组的频数或频率，有时亦可用纵轴代表组别，横轴代表频数或频率。如图 3—8 所示为消费者对变频空调看法的条形图。

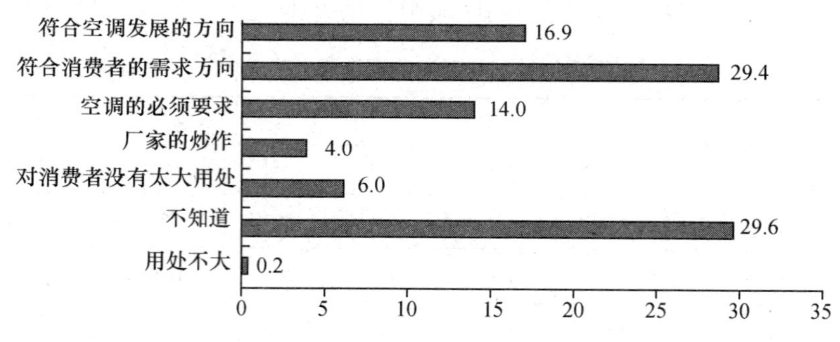

图 3—8　消费者对变频空调看法的条形图

（3）直方图

直方图是以若干等宽的直方长条的长短来表示各组的频数或频率的大小。常用于表现组距数列的次数分布或频率分布。离散型变量组距的直方图中的长条应间断，连续变量组距数列的直方图中的长条应连接起来。如图 3—9 所示为某厂产品销售量与重点客户购买量增长的直方图。

（4）动态曲线图

动态曲线图又称时间数列曲线图或历史曲线图，它是以曲线的升降、起伏来表示数据的

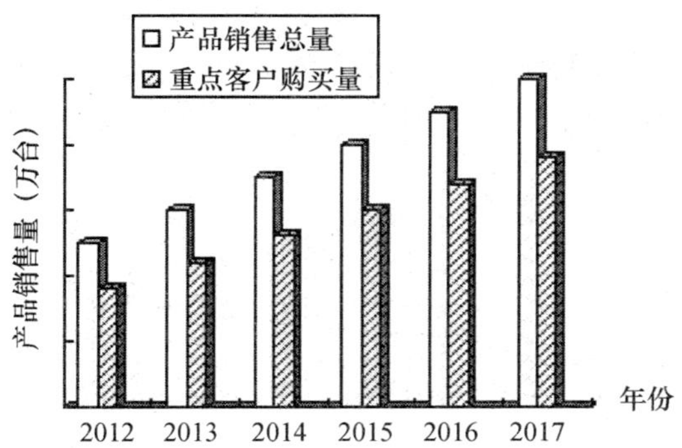

图 3—9　某厂产品销售量与重点客户购买量增长的直方图

动态变化。按涉及指标的多少，有单式曲线图和复式曲线图之分。如图 3—10 所示为某厂产品产量与销售量变化的动态曲线图。

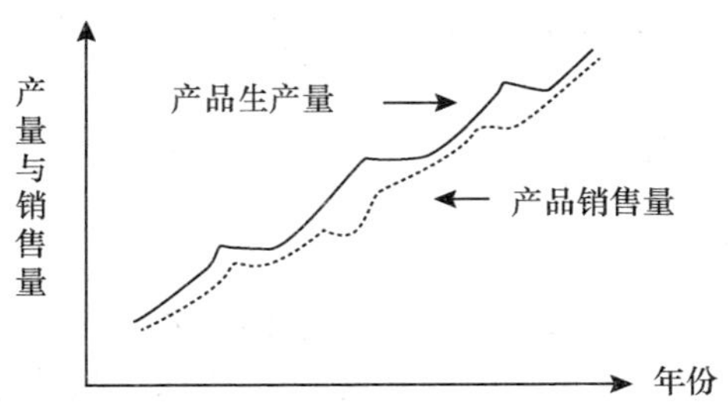

图 3—10　某厂产品产量与销售量变化的动态曲线图

（5）统计地图

统计地图是以地图为底本，利用点、线条、面积、数据、象形符号、标志等来表现各区域某种统计指标数据的大小及其在地理上的分布情形，又称空间数列图。根据所利用的图形不同，统计地图可分为数据地图、点地图、面地图、象形地图、线路地图、标志地图等。如图 3—11 所示为某市居民购房区域选择的分布地图。

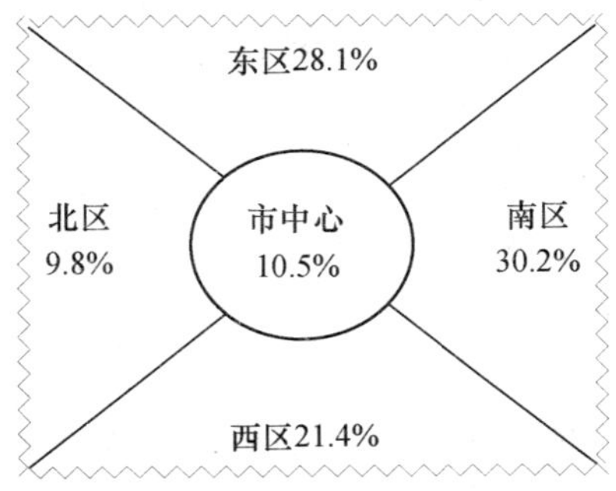

图 3—11　某市居民购房区域选择的分布地图

（6）帕累托图

帕累托图主要用来描述财富分配、库存物资、客户分布、产品销售等分布不均匀的现象。一般是将所研究的现象分为 A、B、C 三类：A 类的单位数占 10%～20%，而指标值占 70%～80%；B 类的单位数占 20%～25%，而指标值占 15%～20%；C 类的单位数占 60%～65%，而指标值占 5%～10%。然后依照累计频率进行制图。如图 3—12 所示为某厂产品销售客户的帕累托图。

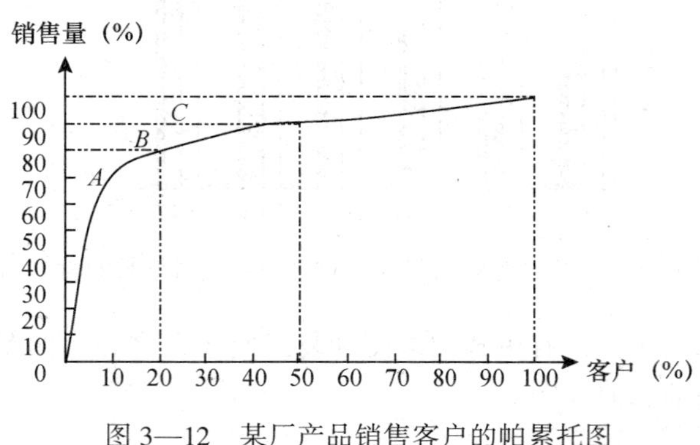

图 3—12　某厂产品销售客户的帕累托图

四、市场调查资料的分析

1. 市场调查资料分析的本质

市场调查资料分析的本质是对已整序的数据和资料进行深加工，从数据导向结论，从结论导向对策，使调查者从定量认识过渡到更高的定性认识，从感性认识上升到理性认识，从而有效地回答和解释原来定义的市场调查问题，实现市场调查的目的和要求，满足企业管理决策的信息需求。在市场调查的全过程中，市场调查资料分析是最关键的阶段。

2. 市场调查资料分析的原则

（1）从目的到研究

从市场调查的目的出发，有针对性地选择分析的内容和方法，才能有效地回答和解决所定义的市场调查问题。

（2）从局部到整体

从局部问题的分析研究开始，再过渡到对整体的全面认识，才能有效地揭示调查现象的本质和规律。

（3）从单项到多项

认识调查问题的各个方面的情况，需要从单项指标或单个数列的认识过渡到多项指标或多个数列的认识，以获得对总体的全面认识。

（4）从表层到里层

为了抓住现象发展变化的内在本质，有必要深入事物的里层，了解总体的内部结构和内在变化。

（5）从静态到动态

为了认识事物的总体的、内部的和事物联系的发展动态，必须利用动态分析的方法去认识事物发展变化的过程、趋势、规律及其原因。

(6) 从结果到原因

为了认识事物发展变化的原因，对比研究应在认识事物本身变化的基础上，去探索影响事物变化的历史背景和现实背景，各种内部因素和外部因素的影响作用和它们之间的数量联系，使定量认识更全面。

(7) 从过程到规律

认识事物发展变化的规律，应在分析事物发展变化过程的基础上，抓住事物的内部结构、总体和内部的动态、内因与外因的联系，去认识事物变化的本质特征，从而达到认识规律的目的。

(8) 从规律到预测

在认识事物发展变化的本质、趋势和规律的基础上，对事物未来的发展做出定性认识或定量认识。

(9) 从问题到对策

思考对策和提出对策是建立在认识事物的情况和问题的基础上，也只有这样，才能使对策具有现实性、针对性和可行性。

(10) 从单一方法到多种方法

在分析、研究各种问题时，既要选择合适的分析方法，又要善于将不同的方法组合起来应用。

3. 市场调查资料分析的内容

(1) 背景分析

背景分析即对特定的市场调查问题的历史背景和现实背景进行分析和思考，从而更好地把握分析研究的目的和方向。

(2) 状态分析

状态分析即对特定的市场调查现象的各方面数量表现进行描述和评价，概括市场调查现象的各种特征。

(3) 因果分析

因果分析即对影响市场调查现象发展变化的各种因素进行分析，探索市场变量之间的因果关系，找出影响事物变化的关键因素，挖掘现象内部隐藏的本质和规律性，从中归纳出一些有重要价值的调查结论和启示。

(4) 对策研究

对策研究是在背景分析、状态分析、因果分析的基础上，针对得出的调查结论和启示，揭示的问题原因，进行对策思考，提出解决问题的措施、方法和途径，以供决策者参考。

4. 市场调查资料分析的方法

按照分析研究时依据的资料性质和思维方式不同，市场调查资料分析的方法可分为定性分析方法和定量分析方法两大类。

(1) 定性分析方法

定性分析方法是利用辩证思维、逻辑思维、创新思维等思维方法对事物的规定性进行判断和推理。

1）辩证思维法。辩证思维法即运用唯物辩证法来认识问题、分析问题和阐述问题。

2）逻辑思维法。逻辑思维法即利用逻辑推理的方法对事物的本质属性进行判断、推理和论证，表现为运用一定的论据，通过论证得出论点。

3）创新思维法。创新思维法即利用独立性思维、求异性思维、交叉性思维、联动性思维和多向性思维等创新思维的方式，对市场调查问题进行分析和思考，以求发现新的情况、研究新的问题、揭示新的趋势、追寻新的原因、研究新的联系、总结新的经验、提出新的思路和对策建议。

4）经济理论分析法。经济理论分析法即利用经济学中所阐明的各种经济范畴、经济理论和经济规律，对市场调查的问题进行判断和推理。

5）结构分析法。结构分析法即利用市场调查和整理的分组资料，通过分析各组成分的性质和结构，进而判断和认识现象的本质属性和特征。

6）比较判断法。比较判断法即把两个或两类同类现象或有关联的现象进行比较、鉴别，从而确定它们之间的相同点和不同点，或者它们之间的关联性，进而判断事物的本质属性。

（2）定量分析方法

定量分析方法是指从事物的数量方面入手，运用一定的统计分析或数学分析方法进行数量对比研究，从而挖掘出事物的数量中所包含的事物本身的特征和规律性的分析方法。

1）根据研究的目的不同，定量分析方法可分为描述性分析和解析性分析。

描述性分析主要着重于调查现象基本数量特征的描述和评价，即通过分析研究现象的规模、水平、结构、比率、速度、离散程度等数量来概括现象的本质特征。

解析性分析又称推断性分析，主要着重于推断总体、解释数量关系、检验理论、挖掘数据中隐含的本质和规律性。

2）根据涉及的变量多少不同，可分为单变量统计分析、双变量统计分析和多变量统计分析。

单变量统计分析即通过对某一统计指标或变量的数据进行对比研究，用以揭示现象的本质特征和规律或者对总体的数量特征进行推断。

双变量统计分析即通过对两个变量之间数量关系的分析研究，揭示两个变量之间的依存性、相关性、差异性，挖掘数据中隐含的本质和规律。

多变量统计分析即通过对三个或三个以上变量之间数量关系的分析研究，揭示多个变量之间的依存性、相关性、差异性，挖掘数据中隐含的本质和规律。

3）根据涉及的数列性质不同，可分为品质数列分析、变量数列分析、时间数列分析、空间数列分析、相关数列分析、平衡数列分析等。

5. 市场调查资料分析的程序

分析市场调查收集的资料，需要按照一定的程序进行，如图 3—13 所示。

（1）明确调查问题

在对市场调查资料分析之前，调查者首先应回顾和明确市场调查的课题是什么、调查的目的和任务是什么、需要通过市场调查解决什么问题等。

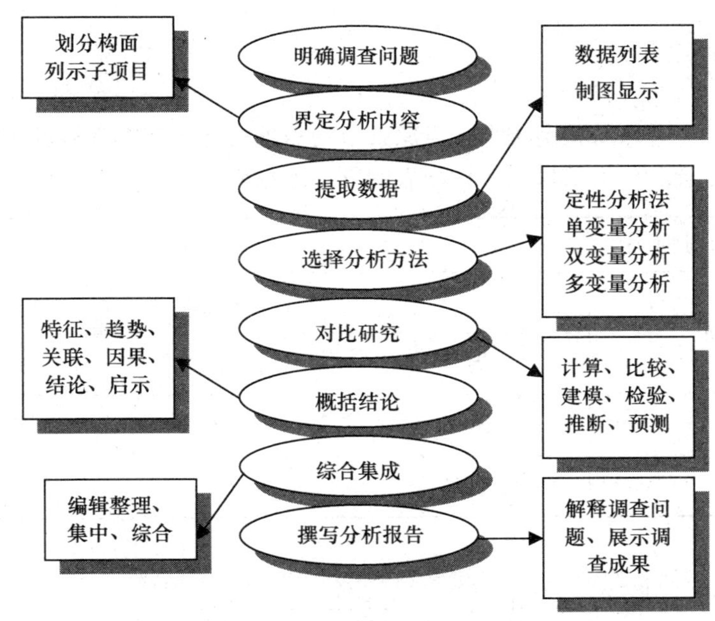

图 3—13　市场调查资料分析的程序

（2）界定分析内容

分析内容的界定应根据市场调查内容来决定。首先应划分分析研究的构面，其次对每一个构面下应分析研究的子项目（小问题）进行区分，从而构成一个分析的内容体系。

（3）提取数据

在众多收集的数据中，将数据进行科学的整理与归类后，从数据资料库中提取与调查问题相匹配的数据进行分析。

（4）选择分析方法

根据分析项目的性质、数列的类型、变量的多少和分析研究的要求，选择合适的分析方法。

（5）对比研究

对数据资料进行分析处理的过程。

（6）概括结论

对事物的本质属性和规律性做出界定。

（7）综合集成

主要包括分析过程的质量评审、分析图表的编辑整理、各个子项目分析结论的评价、调查问题总结论（总观点）的归纳、概括等。

（8）撰写分析报告

用书面报告的方式解释调查问题。

任务实施

在本任务中，应对珠海某高校大学生凉茶市场需求情况的调查资料进行整理，然后对整理好的资料进行分析。分析结果以统计图表的方式陈示如下。

1. 您有喝凉茶的习惯吗？

题目选项	答卷结果		
	男性	女性	合计
有	38%	37%	75%
无	12%	13%	25%

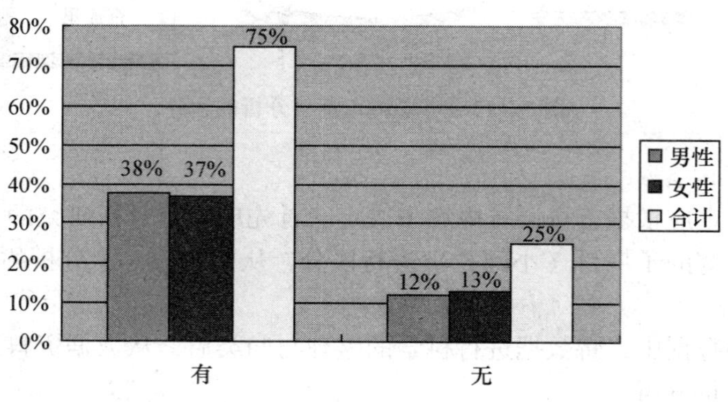

2. 您最近一周喝凉茶的次数是多少？

题目选项	答卷结果		
	男性	女性	合计
2 次以下	32%	42%	74%
2~3 次	15%	6%	21%
4~5 次	3%	2%	5%
6~7 次	0%	0%	0%
7 次以上	0%	0%	0%

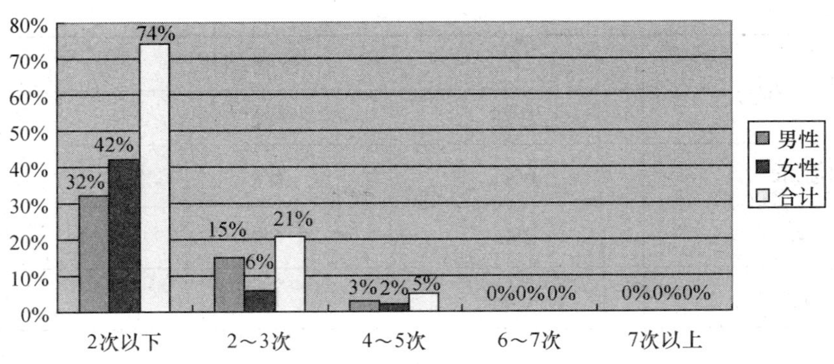

3. 您觉得在本校的哪个位置开设凉茶铺最合适？（可多选）

题目选项	答卷结果		
	男性	女性	合计
宿舍楼下	22%	23%	45%
饭堂附近	28%	24%	52%
教学楼下	1%	2%	3%
其他	1%	1%	2%

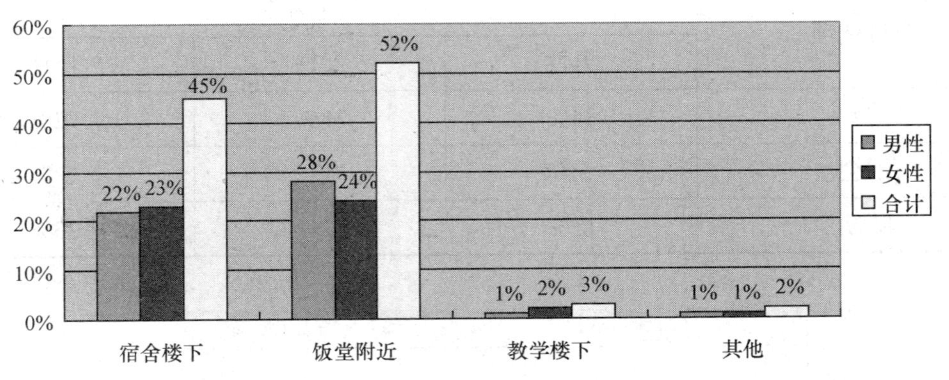

4. 您更看重凉茶的哪种功效？（可多选）

题目选项	答卷结果		
	男性	女性	合计
清热解毒	35%	34%	69%
化痰止咳	5%	4%	9%

续表

题目选项	答卷结果		
	男性	女性	合计
祛湿毒	6%	6%	12%
美容	2%	6%	8%
其他	1%	1%	2%

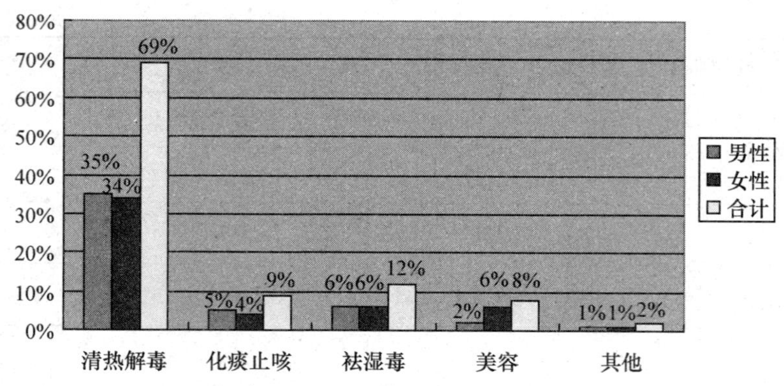

5. 如果您需要喝凉茶，您会选择专业的凉茶铺吗？

题目选项	答卷结果		
	男性	女性	合计
会	34%	38%	72%
不会	5%	0%	5%
随便	11%	12%	23%

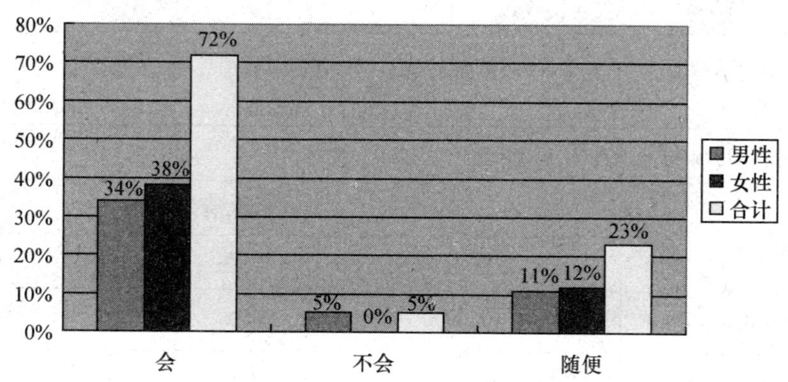

6. 您会选择凉茶铺，是出于何种原因？

题目选项	答卷结果		
	男性	女性	合计
价格实惠	7%	4%	11%
功效好	28%	38%	66%
味道好	4%	2%	6%
方便	10%	4%	14%
其他	1%	2%	3%

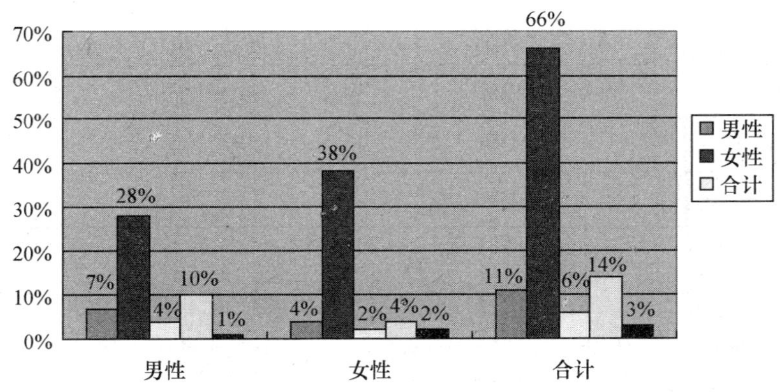

7. 您觉得一杯凉茶的价格在哪个范围可以接受？

题目选项	答卷结果		
	男性	女性	合计
1~3 元	32%	28%	60%
4~5 元	18%	22%	40%
6~7 元	0%	0%	0%
8~9 元	0%	0%	0%
9 元以上	0%	0%	0%

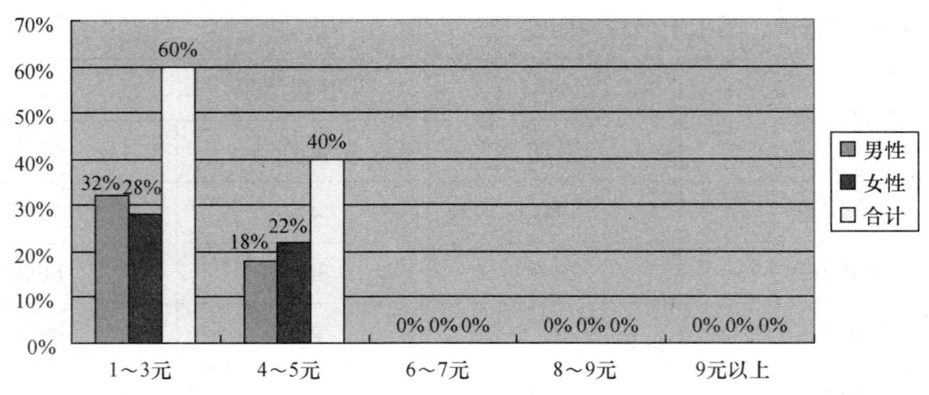

8. 您比较喜欢哪种购买方式？（可多选）

题目选项	答卷结果		
	男性	女性	合计
送货上门	9%	13%	22%
现场饮用	18%	19%	37%
打包带走	19%	23%	42%

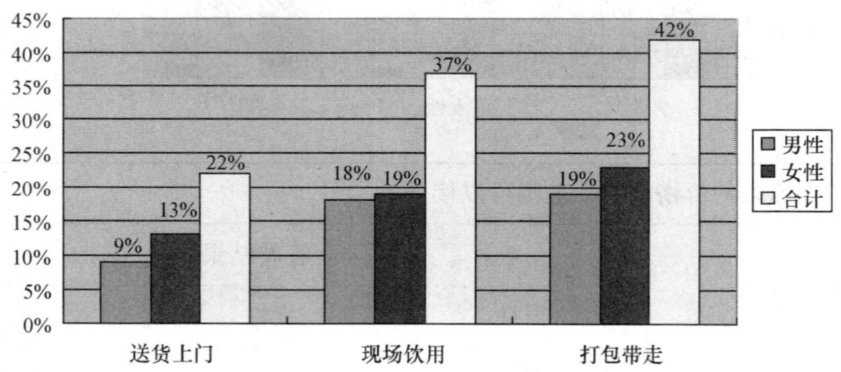

思考题

1. 原始资料的分组处理方法有哪些？
2. 资料分析的统计图有哪些形式？
3. 资料分析的方法有哪些？

模块四　市场调查报告的撰写

知识目标

- ➢ 掌握市场调查报告的概念与分类
- ➢ 掌握市场调查报告的撰写形式与撰写程序
- ➢ 掌握市场调查报告撰写的技巧

能力目标

- ➢ 能够根据相应的调查数据分析，进行市场调查报告的撰写
- ➢ 能够熟练地应用市场调查报告撰写的各种技巧

任务引入

依据前几个任务的完成，A 凉茶公司目前已经将收集到的所有问卷信息进行了整理与分析。本次任务是市场调查的最后一个步骤，即要进行市场调查报告的撰写。假如你是这项工作的负责人，请根据已有的资料完成这项调查任务的最终工作，即市场调查报告的撰写。

任务分析

要让研究者更好地了解调查材料和结论，就必须有一个科学完整的调查报告。根据本任务“A 凉茶公司调查珠海某高校大学生的凉茶市场需求”这一调查主题，围绕收集到的相关资料进行详细的、有条理的报告撰写，掌握市场调查报告撰写的格式与技巧。

相关知识

一、市场调查报告的含义

市场调查报告就是根据调查研究的成果写出来的正确反映客观事物及其规律的书面报告，它通常反映重大事件、新生事物、突出的典型、重要的经验和严重的问题。具体来说，市场调查报告是对某项工作、某个事件、某个问题，经过深入细致的调查后，将调查中收集到的材料加以系统整理、分析研究，以书面形式向决策者汇报调查情况的一种文书。

二、市场调查报告的特点

1. 写实性

调查报告是在占有大量现实和历史资料的基础上，用叙述性的语言实事求是地反映某一客观事物。充分了解实情和全面掌握真实可靠的素材是写好调查报告的基础。

2. 针对性

调查报告一般有比较明确的意向，相关的调查取证都是针对和围绕某一综合性或专题性问题展开的。所以，调查报告反映的问题集中而且有深度。

3. 逻辑性

调查报告离不开确凿的事实，但又不是材料的机械堆砌，而是对核实无误的数据和事实进行严密的逻辑论证，探明事物发展变化的原因，预测事物发展变化的趋势，提示本质性和规律性的东西，得出科学的结论。

4. 社会性

调查报告从各个不同的侧面客观地反映社会情况和问题，具有明显的社会功能。调查报告所总结的典型经验，对社会各方面具有指导意义，调查报告所揭露的问题对社会各方面具有警戒作用。

5. 典型性

调查报告具有典型性，典型事物最能反映一般事物的本质与规律，是为了解决某个问题，总结某项经验，研究事物的发展趋势而撰写的，因此需要恰当地选择典型事物，解剖麻雀，探索事物的发展规律，寻求解决矛盾的办法。

三、市场调查报告撰写的原则与要求

市场调查报告是对市场的全面情况，或某一侧面、某一问题进行调查研究之后撰写出来的报告，是针对市场状况进行的调查分析，是进行市场决策的重要依据，因此，市场调查报告的撰写应遵循以下原则。

1. 实事求是

实事求是是撰写市场调查报告首要的、最大的原则。这一原则要求调查人员必须树立严谨的科学态度，写出真实可靠、对工作具有指导意义的市场调查报告。

2. 目的明确

市场调查报告是供研究者阅读和使用的，是要为研究者解决问题的，因此，调查报告的内容就要反映研究者所要求的有关市场的信息资料和符合这些信息资料的结论、建议，以及得出这些结论和建议的分析处理方法的科学性、正确性的证明。这样的调查报告才是研究者所需要的，也才能为其所用。

3. 突出重点

市场调查报告在调查内容的编排上，既要保证对市场信息做全面、系统的反映，又要突出重点，特别是对调查目标的完成和实现情况的反映，要有极强的针对性和适用性。

四、市场调查报告的分类

市场调查的内容极其广泛，每一个调查项目都是围绕特定目标展开的，因此，作为调查结果集中表现的市场调查报告也具有不同的类型。

1. 根据市场调查报告的内容分类

（1）综合报告

综合报告是提供给研究者的最基本的报告。此类报告的目的是要反映整个调查报告的全貌，详尽说明调查结果及发现。综合报告主要包括下列内容：

1）调查概况。这一部分包括调查目的和调查方针、调查内容和问卷设计、抽样方案和调查实施情况以及数据的统计处理等。

2）样本结构。这一部分包括调查点的分布、调查对象的基本情况、样本分布与总体分布的比较等。

3）基本结果。这一部分主要针对问卷中的内容，逐项给出调查结果，一般配合给出大量的统计图表以及简要说明。

4）对不同层次调查对象的分析。这一部分是调查报告的重点，要针对调查对象的人口状况，即针对不同性别、不同年龄、不同文化程度、不同职业和不同收入等各种层次的调查对象，给出统计分析的主要结果。

5）主要项目间的关联性分析。这一部分主要针对理论假设，对主要调查项目（变量）间的关联性、相关性做出判断，即判断这些项目间是相互关联的，还是相互独立的，如果是相互关联的，又是一种怎样的联系等。

6）主要发现。这一部分实际上是调查的小结，要说明通过调查及数据分析所得到的主要发现和结论性的意见，以提供给有关决策部门参考。

（2）专题报告

专题报告是针对某个问题或侧面而撰写的报告。例如，针对住房消费问题、私人轿车问题，都可以分别写出专题调查报告。又如，在北京市女性化妆品市场调查中，可以围绕不同层次的女性用于购买化妆品的月平均消费额为主要内容，完成一个专题报告。

（3）研究性报告

研究性报告实际上也可以看成是某种类型的专题报告，但是研究性报告学术性较强，需要进行更深入的分析研究，并要求从中提炼出观点、结论或理论性的内容。

（4）技术报告

技术报告是对调查中的许多技术性问题进行的说明，如对抽样方法、调查方法、误差计算等问题的说明，以反映调查结果的客观性和可靠性。

2. 按市场调查报告的呈递形式分类

按照市场调查报告的呈递形式不同，可以将调查报告分为书面调查报告和口头调查报告。

3. 根据对调查对象反映的范围分类

根据对调查对象反映的范围不同，可以将市场调查报告划分为概况调查报告和专题调查报告。

（1）概况调查报告也叫综合调查报告或普遍调查报告，主要围绕调查对象的基本状况撰写，对全部调查的结果有比较全面而系统的反映。这类调查报告一般是就某一地区或单位而进行的，往往涉及政治、经济、文化、人口、地理、历史等各个方面的基本情况，对调查对象的发展变化、前因后果、来龙去脉作比较详细的交代。

（2）专题调查报告是围绕某个问题撰写的，可以是典型经验、新生事物、历史事件或存在的问题等，如关于农村合作经济的调查，关于人才浪费的调查，关于个体工商户精神生活现状的调查等。专题调查报告主题鲜明、材料具体、针对性强，具有较强的说服力。

五、市场调查报告的格式

市场调查报告的格式一般是由题目、目录、概要、正文、结论和建议、附件等几部分组成。

1. 题目

题目包括市场调查题目、报告日期、委托方、调查方，一般应打印在扉页上。

关于题目，一般是通过标题把被调查单位、调查内容明确而具体地表示出来，如题目“关于北京市居民收支、消费及储蓄情况调查”。有的调查报告还采用正、副标题形式，正标题表达调查的主题，副标题具体表明调查的单位和问题，如题目“‘上帝’眼中的《北京青年报》——《北京青年报》读者调查总体研究报告”。

2. 目录

如果调查报告的内容、页数较多，为了方便研究者阅读，应当使用目录或索引形式列出报告所分的主要章节和附录，并注明标题、有关章节号码及页码。一般来说，目录的篇幅不宜超过一页。

3. 概要

概要一般按照市场调查课题的顺序将问题展开，并阐述对调查的原始资料进行选择、评价、做出结论、提出建议的原则等。主要包括四方面内容：首先，简要说明调查目的，即简要地说明调查的由来和委托调查的原因；其次，介绍调查对象和调查内容，包括调查时间、地点、对象、范围、调查要点及所要解答的问题；再次，简要介绍调查研究的方法；最后，总结基本结论和核心观点。

4. 正文

正文是市场调查报告的主要部分。正文部分必须准确阐明全部有关论据，包括问题的提出到引出的结论、论证的全部过程、分析研究问题的方法等。还应当有可供市场活动的决策者进行独立思考的全部调查结果和必要的市场信息，以及对这些情况和内容的分析、评论等。

5. 结论和建议

结论和建议是撰写综合分析报告的主要目的。这部分内容包括对引言和正文部分所提出的主要内容的总结，为解决某一具体问题提供可选择的方案与建议。结论和建议与正文部分的论述要紧密对应，不可以提出无论据的结论，也不要进行没有结论性意见的论证。

6. 附件

附件是指调查报告正文包含不了或没有提及，但与正文有关且必须附加说明的部分，它是对正文报告的补充或更详尽的说明。

六、市场调查报告的撰写程序

1. 设计封面

封面包括报告的题目、报告的使用者（委托单位）、报告的编写者（调查机构）及提交报告的日期等内容。

2. 确定标题

标题是画龙点睛之笔，它必须准确揭示调查报告的主题思想，做到题文相符。标题要简单明了，高度概括，具有较强的吸引力。标题的形式主要有以下三种：

（1）“直叙式”标题

“直叙式”标题是反映调查意向或只透出调查地点、调查项目的标题。例如，“××市居民住宅消费需求调查”等标题。

（2）“表明观点式”标题

“表明观点式”标题是直接阐明作者的观点、看法，或对事物的判断、评价的标题。例如，“对当前巨额结余购买力不可忽视”等标题。

（3）“提出问题式”标题

“提出问题式”标题是以设问、反问等形式，突出问题的焦点和尖锐性的标题。例如，“××牌产品为什么滞销？”等标题。

以上几种标题的形式各有所长，特别是第二种、第三种形式的标题，它们既表明了作者的态度，又揭示了主题，具有很强的吸引力。但从标题上不易看出调查的范围和调查对象，因此，这种形式的标题又可分为正标题和副标题，可分作两行表示。例如，“××牌产品为什么滞销——对××牌产品销售情况的调查分析”等标题。

3. 制作目录

目录表将调查报告的内容大纲按其出现的情况准确地列出，并标明其页码，方便研究者查阅某一部分。

4. 编写摘要

当市场调查报告的页数较多时，应使用摘要形式概述主要内容。摘要主要包括四方面内容：

（1）明确指出本次调查的目标。

（2）简要指出调查时间、地点、对象、范围以及调查的主要项目。

（3）简要介绍调查实施的方法、手段，以及对调查结果的影响。

（4）指出调查中的主要发现或结论性内容。

5. 编写引言

好的开头，既可使市场调查报告顺利展开，又能吸引人们阅读。引言的形式一般有以下几种：

（1）开门见山，揭示主题

这一形式是先交代调查的目的或动机，揭示主题的形式。例如："我公司受北京××电视机厂的委托，对消费者进行一项有关电视机的市场调查，预测未来几年大众对电视机的需求量及需求的种类，使××电视机厂能根据市场需求及时调整其产量及种类，确定今后的发展方向。"

（2）结论先行，逐步论证

这一形式是先将调查结论写出来，然后再逐步论证的形式。例如："××牌收银机是一种高档收银机，通过对××牌收银机在北京各商业部门的拥有、使用情况的调查，我们认为它在北京不具有市场竞争能力，原因主要从以下几个方面阐述……"

（3）交代情况，逐层分析

这一形式是先介绍背景情况、调查数据，然后逐层分析，得出结论的形式。也可先交代调查时间、地点、范围等情况，然后分析。例如"关于香皂的购买习惯与使用情况的调查报告"的引言："本次关于对香皂的购买习惯和使用情况的调查，调查对象主要集中于中青年，其中青年（20~35 岁）占 55%，中年（36~50 岁）占 25%，老年（51 岁以上）占 20%；女性为 70%，男性为 30%……"

（4）提出问题，引入正题

这一形式是先提出问题，通过问题引出调查目的的形式。例如"关于茶饮市场调查的分析报告"的引言："从去年下半年开始，随着××牌茶饮的热卖，各种品牌的茶饮似雨后春笋般涌现，面对种类繁多的竞争者，××牌茶饮如何做才能在市场中立于不败之地？带着这些问题，我们对北京市部分消费者和销售单位进行了有关调查。"

6. 编写正文

正文部分是市场调查报告的核心部分，它决定着整个市场调查报告质量的高低和作用的大小。这一部分着重通过调查了解到的事实，分析说明被调查对象的发生、发展和变化过程以及调查的结果和存在的问题，并提出具体的意见和建议。

由于正文一般涉及内容很多，文字较长，有时也可以用概括性或提示性的小标题突出调查报告的中心思想。正文部分的结构安排是否恰当，直接影响着调查报告的质量。正文部分主要分为基本情况部分和分析部分两方面内容。

（1）基本情况部分

基本情况部分的撰写有三种方法：第一，是先对调查数据资料及背景资料做客观的说明，然后再对上述情况进行分析，阐述看法、观点等；第二，首先提出问题，然后分析问题，最后找出解决问题的办法；第三，先肯定事物的一面，由肯定的一面引申出分析部分，再由分析部分引出结论，循序渐进。

（2）分析部分

分析部分是调查报告的主要组成部分。在这个阶段，要对资料进行质和量的分析，通过分析了解情况，说明问题和解决问题。分析部分有三类情况：

第一类，原因分析。是对出现问题的基本成因进行分析，如对××牌产品滞销原因分析，就属于此类。

第二类，利弊分析。是对事物在市场活动中所处的地位及起到的作用进行利弊分析等。

第三类，预测分析。是对事物的发展趋势和发展规律做出分析，如对××市居民住宅需求意向的调查，通过居民家庭人口情况、住房现有状况、收入情况、居民对储蓄的认识及对分期付款购房的想法等，对××市居民住房需求意向进行预测。

分析部分的层次段落形式一般有以下几种：

1）层层深入形式，即各层意思之间是一层深入一层，层层剖析。

2）先后顺序形式，即按事物发展的先后顺序安排层次，各层意思之间有密切联系。

3）综合展开形式，即先说明总的情况，然后分段展开，或先分段展开，然后综合说明，展开部分之和为综合部分。

4）并列形式，即各层意思之间为并列关系。

正文部分的层次是调查报告的骨架，它在调查报告中起着重要作用，撰写市场调查报告时应注意结合主题的需要，采取恰当的写法，以充分表现主题。

7. 编写结尾部分

结尾部分是市场调查报告的结束语，好的结尾可使研究者明确主旨，加深认识，启发研究者思考和联想。结尾一般有四种形式：

（1）概括全文型

经过层层剖析后，综合说明调查报告的主要观点，深化调查报告的主题。

（2）形成结论型

在对真实资料进行深入细致的科学分析的基础上，得出报告结论。

（3）基础看法建议型

通过分析，形成对事物的看法，在此基础上，提出建议和可行性方案。提出的建议必须能确实掌握企业状况及市场变化，使建议有付诸行动的可能性。

（4）展望未来型

通过调查分析，展望市场未来前景，说明调查的意义。

8. 组织附件

附件包括研究者进一步研究所需要的但对报告数据并非必要的附加信息。内容包括：

（1）问卷副本、访谈提纲、量表等。

（2）调查对象的名单或名称表。

（3）文献调查所使用的参考资料的索引，即一些资料的来源。

（4）某种特殊调查方法和分析方法的介绍。

（5）认为有价值却又无法在正文中反映的调查资料。

七、市场调查报告的撰写技巧

市场调查报告的撰写技巧主要包括文字表达、表格和图形表现等方面的技巧。文字表达技巧主要包括叙述、说明、议论三个方面的技巧。下面具体介绍文字表达技巧。

1. 叙述的技巧

叙述表达形式主要用于开头部分，叙述事情的来龙去脉，表明调查的目的和根据以及过程和结果。此外，在主体部分还要叙述调查得来的情况。市场调查报告常用的叙述技巧有概括叙述、按时间顺序叙述、叙述主体的省略三种。

（1）概括叙述

叙述有概括叙述和详细叙述之分。市场调查报告主要用概括叙述，将调查过程和情况概略地陈述，不需要对事件的细枝末节详加铺陈。这是一种“浓缩型”的快节奏叙述方式，文字简约，给人以整体、全面的认识，以适合市场调查报告快速反映市场变化的需要。

（2）按时间顺序叙述

市场调查报告在交代调查的目的、对象、经过时，往往用按时间顺序叙述的方法，次序井然，前后连贯。

（3）叙述主体的省略

市场调查报告的叙述主体是写报告的单位，叙述中用“我们”第一人称。为行文简便，叙述主体一般在开头部分中出现后，在后面的各部分即可省略，并不会因此而令人误解。

2. 说明的技巧

市场调查报告常用的说明技巧有数字说明、分类说明、对比说明、举例说明四种。

（1）数字说明

市场运作离不开数字，反映市场发展变化情况的市场调查报告，要运用大量数据，以增强调查报告的精确性和可信度。

（2）分类说明

市场调查中所获材料杂乱无章，根据主旨表达的需要，可将材料按一定标准分为几类分别说明。例如，将调查来的基本情况，按问题性质归纳成几类，或按不同层次分为几类，每类前冠以小标题，按提要句的形式表述。

（3）对比说明

市场调查报告中有关情况、数字的说明，往往采用对比形式，以便全面、深入地反映市场变化情况。对比要保证事物的可比性，在同一标准的前提下，做切合实际的比较。

（4）举例说明

市场调查报告为说明市场发展变化情况，往往举出具体、典型事例加以说明，即运用举例说明的方法。在市场调查中会遇到大量事例，应从中选取有代表性的例子。

3. 议论的技巧

市场调查报告常用的议论技巧有归纳论证和局部论证两种。

（1）归纳论证

市场调查报告是在收集大量材料之后，做分析研究，得出结论，从而形成论证过程。这一过程主要运用议论方式，所得结论是从具体事实中归纳出来的。

（2）局部论证

市场调查报告不同于议论文，不可能形成全篇论证，只是在情况分析、对未来预测中做局部论证。

八、撰写市场调查报告应注意的问题

撰写一份好的调查报告不是件易事，需要撰写者具有较高的知识水平和文字素养。在撰写调查报告时，主要注意以下几个方面的问题。

1. 考虑谁是读者

市场调查报告应当是为特定的读者而撰写的，他（们）可能是领导、管理部门的决策者，也可能是一般的用户，撰定不但要考虑这些读者的技术水平、对调查项目的兴趣，还应当考虑他们可能在什么环境下阅读报告，以及他们会如何使用这个报告。有时候，撰写者必须适应有几种不同技术水平和对项目有不同兴趣的读者，为此可将报告分成几个不同的部分或针对不同对象分别撰写整个报告。

2. 力求简明扼要， 删除一切不必要的词句

撰写市场调查报告中常见的一个误区是“报告越长，质量越高”。通常经过对某个项目几个月的辛苦工作之后，调查者已经全身心的投入，调查者希望告诉读者其所知道的与此相关的一切。因此，所有的过程、证明、结论都纳入报告当中，导致的结果就是“信息超载”。事实上，调查的价值不是用数量而是以质量来度量的。调查报告应该是精练的，任何不必要的东西都应省略。

3. 行文流畅， 易读易懂

市场调查报告应当是易读易懂的。报告中的材料要组织的有逻辑性，使读者能够很容易弄懂报告各部分内容的内在联系。使用简短的、直接的句子把事情说清楚，比用含糊难懂的概念来表达要好得多。为了检查报告是否易读易懂，最好请两三个不熟悉该项目的人来阅读报告并提出意见，反复修改几次之后再呈交给读者。

4. 内容客观， 资料的解释要充分和准确

调查报告的突出特点是用事实说话，应以客观的态度来撰写报告。在文体上最好用第三人称或非人称代词，如“作者发现……”“笔者认为……”“据发现……”“资料表明……”等语句。行文时，应以向读者报告的语气撰写，不要使用力图说服读者同意某种观点或看法的语气。读者关心的是调查的结果和发现，而不是撰写者个人的主观看法。同时，调查报告应当准确地给出项目的研究方法、调查结果的结论，不能有任何迎合读者或管理决策部门期望的倾向。

在进行资料的解释时，注意解释的充分性和相对准确性。解释充分是指利用图表说明时，要对图表进行简要、准确的解释；解释准确是指在进行数据的解释时尽量不要引起误导。

5. 报告中引用他人的资料，应加以详细注释

这一点是大多数人常忽视的问题之一。通过注释，指出资料的来源，以供读者查证，同时也是对他人研究成果的尊重。注释应详细准确，如被引用资料的作者姓名、书刊名称、所属页码、出版单位和时间等都应予以列明。

6. 打印成文，字迹清楚、外观美观

最后呈交的报告应当是专业化的，应使用质量好的纸张，打印和装订都要符合规范。印刷格式应有变化，字体的大小、空白位置的处理等对报告的外观及可读性都会有很大的影响。

7. 提出的建议应该是积极的、正面的

市场调查报告的结论和建议部分说明调查获得了哪些重要结论，根据调查的结论及建议应该采取什么措施。结论的提出方式可用简洁而明晰的语言对调查所提出的问题做明确的答复，同时简要引用有关背景资料和调查结果加以解释和论证。结论并不一定要单独列出来写，它与调查课题有关，如果调查课题小，结论简单，可以直接与调查结果合并成一部分来写。反之，就应分开来写。建议是针对调查获得的结论提出可以采取哪些措施、方案或具体行动步骤。例如，媒体策略如何改变，广告主题应是什么，与竞争者抗衡的具体方法，价格、包装、促销策略等。

需要指出的是，大多数建议应当是积极的，要说明采取哪些具体的措施或者要处理哪些已经存在的问题。尽量用积极的、肯定的建议，少用否定的建议。肯定的建议如“用加大广告投入”“将广告理性诉求为重点变为感性诉求为主”等建议。否定建议如“应立即停止某一广告的刊播”，使用否定建议只叫人不做什么，并没有叫人做什么，所以应尽量避免使用。

8. 使用演示软件呈现市场调查报告

为寻求沟通调查结果的更有效方式，市场调查人员通常使用演示软件呈现市场调查报告。

演示软件可以利用多种字体和字号创建项目图表，并且可以对字体进行加粗、变斜体、添加下划线等设置。

演示软件还可以创建出多种不同类型的、可用于展示特定调查发现的图形（如饼状图、柱形图、线形图等），而且只需点击鼠标就可以对这些图形进行修改和测试。同时，在演示及切换幻灯片时，有多种动画效果，还可以在幻灯片中插入声音、视频（项目组分析的现场录像）等。

事实上，使用图表展示信息比用文字显得更有效且更具说服力，而且调查委托方一般都指明市场调查报告应以图表为基础，要求尽量少使用文字。

任务实施

第二部分为调查报告的结论部分。本任务完成的市场调查报告如下：

珠海某高校开设凉茶铺需求调查报告

一、引言

广东凉茶历史悠久，是我国岭南地区的一种特色饮品。凉茶经过一百多年的发展，至今已被国务院评为首批国家非物质文化遗产，所以对凉茶这种非物质文化的传承是必要的，而开设凉茶铺是一种传承文化的方式。本调查的目的是为了对珠海某高校凉茶需求情况进行一个有针对性的调查，了解珠海某高校的大学生希望在本校开设凉茶铺的类型。

二、珠海某高校开设凉茶铺调查问卷的分析

本次市场调查共发出问卷 100 份，回收 100 份，其中有效问卷 100 份，抽样合格率为 100%，超过 80%的基本线，而男女比例、年龄分布基本符合现实情况，所以本次市场调查有效。

结论一：大多数人都有喝凉茶的习惯，男女差别不大

数据表明：有喝凉茶习惯的人数比例为 75%，其中男性占 38%，女性占 37%；没有喝凉茶习惯的人数比例为 25%，其中男性占 12%，女性占 13%。

结论二：大部分人一周喝凉茶次数是 2 次以下

数据表明：一周喝凉茶的次数是 2 次以下的人数比例为 74%，其中男性占 32%，女性占 42%；2~3 次的人数比例为 21%，其中男性占 15%，女性占 6%；4~5 次的人数比例为 5%，其中男性占 3%，女性占 2%；6~7 次和 7 次以上的都没有人选择。

结论三：在饭堂附近或在宿舍楼下开设凉茶铺最合适

数据表明：有 52%的人认为在饭堂附近开设凉茶铺最合适，其中男性占 28%，女性占 24%；有 45%的人认为在宿舍楼下开设凉茶铺最合适，其中男性占 22%，女性占 23%；有 3%的人认为在教学楼下开设凉茶铺最合适，其中男性占 1%，女性占 2%；有 2%的人认为在其他地方开设凉茶铺最合适。由以上数据表明，在饭堂附近或在宿舍楼下开设凉茶铺最合适。

结论四：清热解毒是凉茶在消费者眼中的主要功效

数据表明：有 69%的人更看重凉茶的清热解毒这一功效，其中男性占 35%，女性占 34%；有 12%的人更看重凉茶的祛湿毒这一功效，其中男性占 6%，女性占 6%；有 9%的人更看重凉茶的化痰止咳这一功效，其中男性占 5%，女性占 4%；有 8%的人更看重凉茶的美容这一功效，其中男性占 2%，女性占 6%。由以上数据表明，清热解毒是凉茶在消费者眼中的主要功效，祛湿毒次之，化痰止咳和美容这两种功效也有一定市场。

结论五：大多数人喝凉茶都会选择专业的凉茶铺

数据表明：有 72%的人喝凉茶时会选择专业的凉茶铺，其中男性占 34%，女性占 38%；有 23%的人对喝凉茶时选择专业的凉茶铺持随便的态度，其中男性占 11%，女性占 12%；有 5%的人喝凉茶时不会选择专业的凉茶铺。由以上数据表明，大多数人喝凉茶都会选择专业的凉茶铺，只有 5%的人不会选择专业的凉茶铺，还有一部分人持随便的态度。

结论六：大多数人会选择凉茶铺是因为它的功效好

数据表明：有66%的人会选择凉茶铺，是因为其功效好，其中男性占28%，女性占38%；有14%的人会选择凉茶铺是因为方便，其中男性占10%，女性占4%；有11%的人会选择凉茶铺是因为价格实惠，其中男性占7%，女性占4%；有6%的人会选择凉茶铺是因为味道好，其中男性占4%，女性占2%；有3%的人会选择凉茶铺是因为其他原因。由以上数据表明，大多数人会选择凉茶铺都是因为它的功效好，其次是因为方便。由此看来消费者比较注重产品的功效。

结论七：一杯凉茶的价格在5元以下可以被消费者接受

数据表明：有60%的人认为一杯凉茶的价格在1~3元可以接受，有40%的人认为一杯凉茶的价格在4~5元可以接受；价格在6~7元、8~9元、9元以上均无人选择。由以上数据表明，凉茶价格在5元以下都可以被消费者接受，其中1~3元最多人接受，6元及其以上都无人可以接受。

结论八：大多数人喜欢打包带走

数据表明：有42%的人比较喜欢打包带走这种购买方式；有37%的人比较喜欢现场饮用这种购买方式；有22%的人比较喜欢送货上门这种购买方式。由以上数据得出，大多数人喜欢打包带走，其次是现场饮用，而送货上门可行性也很高。

三、调查结论

1. 凉茶市场已经成为饮料界的一个新市场

有资料表明，在广东凉茶被认定为国家级非物质文化遗产后，极大地提高了凉茶的文化形象，经过近20年的发展，凉茶已经从广东特色饮品变成了当之无愧的国饮，凉茶市场成为饮料界的一个新市场。

2. 在学校开设凉茶铺发展潜力大

从商家的立场来考虑，在学校开设凉茶铺有很大的发展空间，是一项风险低、盈利高的投资。

从消费者的立场来考虑，在学校开设凉茶铺也是一项有利的投资。据调查，有75%的同学有喝凉茶的习惯，这就为凉茶铺提供了最重要的客源。

总之，在学校开设凉茶铺不仅可以为商家带来商机，而且可以丰富学生的消费需求。

四、凉茶铺的营销策略

1. 选好址等于成功一半

开凉茶铺不要求面积大，但店铺位置一定要好。第一，店铺应选在人流量大的地方，以保证充裕的潜在客源。第二，店铺可以选择靠近宿舍的地方，因为客源比较稳定。

2. 卫生问题是关键

凉茶好喝，但卫生难保。由于凉茶铺的小作坊性质，卫生成了广大消费者最关心的问题，所以，卫生情况好坏成为凉茶铺经营成功与否的关键。为了做到卫生洁净，一是要严把凉茶的熬制关，从药材、饮用水的选取到其他原材料的选购都应严格把关；二是要严把运输关，在输送过程中，凉茶始终要密封储存；三是要严把储存关，在凉茶售卖前也要密封保存；四是要严把器具、设备的消毒关。

3. 特色产品和服务吸引回头客

要稳住回头客，吸引过路客，就要做好核心业务，即要有自己的招牌茶。在学校开设的凉茶铺应该坚持做好本店特色茶—美容茶，以美容茶这一特色吸引消费者。

此外，延长经营时间也是凉菜铺吸引消费者的方式之一。大学生课余生活比较丰富，根据这一情况，凉茶铺可以开展“24 小时营业”服务，以满足消费者不同时间段消费的需求。

思考题

1. 撰写市场调查报告的一般程序有哪些？
2. 市场调查报告的格式有什么特点？其结构由哪几部分组成？
3. 市场调查报告正文一般应包括哪几部分内容？
4. 撰写市场调查报告时使用语言有哪些要求？
5. 市场调查报告摘要部分包括哪几方面内容？
6. 就任务实施中的市场调查报告，具体谈一谈市场调查报告的结构、数据处理、语言描述的主要特点。

下篇　市场预测

模块五　认识市场预测

知识目标

- ➢ 掌握市场预测的含义、特征、原则与作用
- ➢ 掌握市场预测的主要内容
- ➢ 掌握市场预测的程序

能力目标

- ➢ 能够运用市场预测的理念与思维解决市场问题

相关知识

一、市场预测的含义及基本特征

1. 市场预测的含义

市场预测就是运用科学的方法，对影响市场供求变化的各个因素进行调查研究，分析和预见其发展趋势，掌握市场供求变化的规律，为经营决策提供可靠的依据。预测为决策服务，可以提高管理的科学水平，减少决策的盲目性。企业通过市场预测，可以把握经济发展或者未来市场变化的有关动态，减少决策的不确定性，降低决策可能遇到的风险，使决策目标得以顺利实现。

2. 市场预测的基本特征

市场预测作为现代经营管理活动的重要组成部分和一门完整的现代管理科学，具有 8 个基本特征。

（1）可知性

全部预测活动是建立在可知性原理基础上，人们能否预测事物未来发展趋向，全依赖于

能否找出预测目标的演变规律。尽管市场变化莫测，但只要敢于探索、善于分析，在预测中是可以逐步揭示其变化规律，从而提高市场预测准确性的。

（2）连续性

客观事物的发展具有合乎规律的连续性，事物未来的发展趋向同过去、现在的发展趋向必然具有一定的联系。依照这个原理预测事物的未来，必须建立在了解事物的过去和现状的基础上，从大量历史的和现实的信息中找出发展变化的规律，据此推断未来。

（3）相似性

客观事物之间存在着某种类似的结构和发展模式，人们根据已知事物某种类似的结构和发展模式，就可类推某个预测目标未来的结构和发展模式。

（4）系统性

市场预测应把预测对象看作一个由多种要素构成的系统，应注意分析系统内外各种要素的变化，从而做出预测推断。

（5）因果性

在市场预测中，必须重视对影响预测目标的因果关系的分析，可以把握影响预测目标各个因素的不同作用，由因推果，预测出市场的必然趋势并排除偶然因素可能产生的干扰。

（6）可控制性

人们对所预测的客观社会经济事件的未来发展趋向和进程，在一定程度上是可以控制的。在市场预测中应尽可能利用可以控制的因素，即利用确定性较大的经济变量，来推测所要预测的市场变量。

（7）必然性

任何事物的发展变化都有一定的必然性和偶然性，偶然性中隐藏着必然性，必然性是通过对偶然性的大量观察而揭示出来的。在市场预测中，应注意运用大量观察对大量数据进行对比研究，揭示现象发展变化的必然性，然后进行预测推断。

（8）质量互变性

事物的发展变化是从量变开始的，当量变积累到一定的程度后，必然会发生质的根本改变，而质的变化又会带来新的量变。在市场预测中，预测者应根据事物的数量变化，探寻事物质的变化，分析现象不同发展阶段有何本质区别、未来的发展与现在相比是否会发生质的改变等，而不能简单地利用预测模型进行外推预测，否则就会得出错误的预测结果，产生质的预测误差。

市场预测的特征有很多，预测者只有把握好这些特征，才能有效地认识市场、分析市场和预测市场，才能不断提高市场预测的准确性和可靠性，最大限度地降低预测误差。

二、市场预测的原则及作用

1．市场预测的原则

（1）相关原则

相关原则建立在“分类”的思维高度上，关注事物（类别）之间的关联性，先了解（或假设）已知的某个事物的变化，再推知另一个事物的变化趋势。最典型的相关有正相关和负相关，从思路上来讲，不完全是数据相关，更多的是定性方面的相关。

1）正相关，体现事物之间的相互“促进”。例如，企业通过对“独生子女受到重视”这一现状，推知儿童娱乐、教育相关产品和服务的市场。又如，企业通过对人口普查情况的分析，抓住“中国第三次生育高峰出生的人目前到了成家立业的高峰”这一机遇，大力发展家具产业。

2）负相关，体现事物之间的相互“制约”，即一种事物的发展导致另一种事物受到限制。例如，资源政策、环境保护政策的出台必然导致一次性产品受到制约。

（2）惯性原则

任何事物的发展都具有一定的惯性，即在一定时间、一定条件下保持原来的趋势和状态，这也是大多数传统预测方法的理论基础，如“线性回归”“趋势外推”等预测方法。

（3）类推原则

类推原则也是建立在“分类”的思维高度上，关注事物之间的关联性。

1）由小见大，即从某个现象推知事物发展的大趋势。

2）由表及里，即从表面现象推知事物的实质。

3）由此及彼，即由一个现象的发展变化推知另一个现象的发展变化。

4）由过去、现在推知以后，即通过对过去、现在事物发展的认识，推知未来事物发展的趋势。

5）由远及近，如某产品、技术、管理模式、营销经验、方法，相对比较进步，代表先进的方向，可能就是“明天要走的路”。

6）自下而上，即从典型的局部推知全局。例如，一个规模适中的乡镇，需要 3 台收割机，这个县有 50 个类似的乡镇，可以初步估计这个县的收割机可能的市场容量为 150 台。

7）自上而下，即从全局到细分，以便认识和推知某个局部。

（4）概率推断原则

人们不可能完全把握未来，但可以根据经验和历史，大致预估一个事物发生的概率，根据这种可能性，采取对应的措施。有时，也可以通过抽样设计和调查等科学方法来确定某种情况发生的可能性。

2. 市场预测的作用

（1）市场预测是企业制订经营计划的前提条件与重要依据

企业制订经营计划不能单凭当前的状况和过去的资料，正如俗语所说：“人无远虑，必有近忧。”所以，要想使经营工作更加富有成效，还需把握企业内、外部条件的变化，以及企业有关产品的发展趋势、生命周期以及市场需求的变化趋势等。而欲达此目的，就得运用各种科学的方法进行深入、细致的分析和科学的预测。

（2）市场预测是企业做好经营决策的前提

企业生产经营活动的各个阶段、各个生产环节都存在着决策问题。任何企业都面临生产技术、产品品种的选择及其经济效益的评价等许多复杂的问题。对此，若无细致周密的调查和科学的预测作为基础，就难以优选出合理、经济、可行的方案，就很难做出正确的决策。

（3）市场预测有利于企业把握市场规律与趋势

事实上，市场预测的中心问题就是掌握市场发展变化规律的问题，把握其未来发展趋势的问题。科学的预测可以帮助人们按照事物的发展规律办事，并充分发挥人的主观能动性，减少企业经营活动中的盲目性和经营的风险。因此，市场预测能够提高企业的适应性和竞争力，帮助企业真正按市场需求组织生产和销售，从而更好地满足市场需求。

（4）市场预测有利于企业提高竞争能力与应变能力

企业每时每刻都处在风云变幻的市场中，必须对市场情况有深入的了解，这就需要对市场进行调查和预测。通过市场预测，可以让企业充分把握市场，提高自身的竞争力，增强在市场中的应变能力。

三、市场预测的主要内容

1. 市场环境预测

市场环境预测是在市场环境调查的基础上，运用因果性原理和定性与定量分析相结合的方法，预测国际和国内的社会、经济、政治、法律、政策、文化、人口、科技、自然等环境因素的变化对特定市场或企业的生产经营活动带来的影响（包括挑战和机遇），并寻找适应环境的对策。例如，人口总量和人口结构的变化，对产品的需求会带来什么样的影响；人口老龄化意味着什么样的商机；宏观经济运行的景气与否，对特定的市场和企业的生产经营活动会带来什么样的影响，应采取什么样的对策；产业政策、货币政策、就业政策、能源政策等政策调整，对企业的生产经营活动有怎样的作用，应如何利用这些政策等。市场环境预测应及时收集外部环境变化的信息，分析环境变化带来的威胁和机会，分析企业的优势与劣势，才能得出较为准确的预测结论。

2. 市场需求预测

市场需求预测是指通过对消费者的购买心理和消费习惯的分析，以及对国民收入水平、收入分配政策的研究，对特定时空内的市场需求量、需求水平、需求结构、需求变动因素进行分析预测。一般来说，市场性质和市场层次不同，市场需求预测的内容和方法也有所不同。市场需求预测是市场研究中最重要的一部分，也是最复杂的一部分，其内容包括对某一种或几种产品潜在需求的预测，对潜在供应的估计，对拟设中的产品市场渗透程度的估计，对某段时间内潜在需求的定量和定性估计等。除了全部和大部分供出口的产品以外，对产品的潜在需求主要以国内市场为基础进行预测。

3. 市场供给预测

市场供给预测是指对一定时期和一定范围的市场供应量、供应结构、供应变动因素等进行分析预测。由于市场供给的大小能够反映市场供应能力的大小，因此，它是决定市场供求状态的重要变量。市场供给预测也是市场预测的重要内容。市场供应量和供应结构的分析预测，有消费品与生产资料之分，也有全部商品、某类商品和某种商品三个层次。一般来说，应在市场供给调查的基础上，运用合适的预测方法对商品的生产量、国外进口和其他供应量等决定供应总量的变量进行因素分析、趋势分析和相关分析，在此基础上，再对市场供应量和供应结构的变化前景做出预测推断。

4. 市场供求状态预测

市场供求状态预测又称市场供求关系变动预测。它将市场需求预测与供给预测结合起来，用以判断市场运行的走向和市场供求总量是否存在总量失衡，总量失衡是属于供不应求，还是供过于求；市场结构是否存在结构性失衡，哪些商品供不应求，哪些商品供过于求；市场供不应求，是由于生产能力不足还是货币投放过多或投资过大；市场供过于求是由于生产能力过剩，还是有效需求不足等。其核心在于对特定时空内的市场供求总量失衡或结构性失衡进行分析预测，把握市场运行的供求态势，以便从供、求两个方面寻找治理对策。

5. 消费者购买行为预测

消费者购买行为预测是在消费者调查研究的基础上，对消费者的消费能力、消费水平和消费结构进行预测分析，揭示不同消费群体的消费差异，预测消费者购买什么、购买多少、何时购买、何处购买、由谁购买、如何购买等购买行为及其变化。消费者购买行为预测的目的是为市场潜力测定、目标市场选择、产品研发、营销策略制定提供依据。

6. 产品市场预测

产品市场预测是利用一手或二手资料，对产品的生产能力、生产成本、价格水平、市场占有率、市场覆盖率、技术趋势、竞争格局、产品要素、产品组合、品牌价值等进行预测分析，其目的在于揭示产品的市场发展趋势、市场潜力和竞争能力，为企业确定产品的市场前景、制定有效的营销策略提供依据。

四、市场预测的程序

市场预测的基本程序如图 5—1 所示。

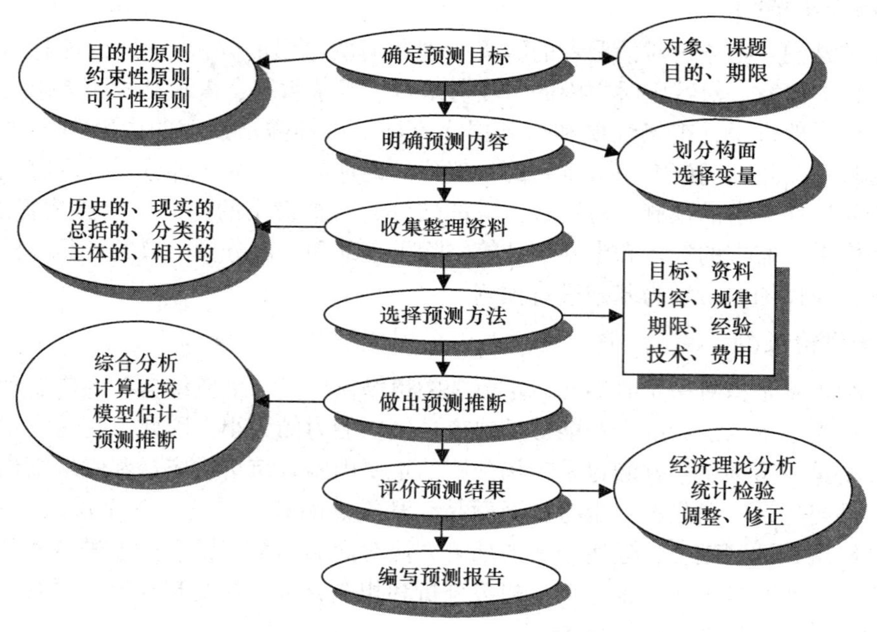

图 5—1 市场预测的基本程序

1. 确定预测目标

明确预测目标是开展市场预测工作的第一步。明确预测目标，就是根据经营活动存在的问题，拟订预测的项目，制订预测工作计划，编制预算，调配力量，组织实施，以保证市场预测工作有计划、有节奏地进行。

2. 明确预测内容

在确定好预测目标后，就要明确本次预测的基本内容是什么。例如，是进行市场需求预测、市场行情预测、市场供给预测，还是消费者购买行为预测等，这样才能根据预测内容划分构面，选择变量，划定预测的地区范围和确定误差大小，确保目标的实现。

3. 收集整理资料

进行市场预测必须占有充分的资料，这是预测的基础性工作。在选择、确定市场预测目标以后，首要的工作就是广泛、系统地收集与本次预测对象有关的各方面数据和资料，收集的市场资料可分为历史资料和现实资料两类。历史资料包括历年的社会经济统计资料、业务活动资料和市场研究信息资料。现实资料包括目前的社会经济和市场发展动态，生产、流通形势及消费者需求变化等。对收集到的资料要进行归纳、分类、整理，最好分门别类地编号保存。在这个过程中，要注意标明市场异常数据，结合预测进程，不断增加、补充新的资料。按照市场预测的要求，凡是影响市场供求发展的资料都应尽可能地收集，收集得越广泛、越全面，预测的准确性就越高。

4. 选择预测方法

市场预测包括定性预测与定量预测两种方法。定性预测方法经过对调查收集的资料进行综合分析，并通过判断、推理，使感性认识上升为理性认识，从事物的现象深入到事物的本质，从而预计市场未来的发展变化趋势。定量预测方法是应用数学模型进行演算、预测，即用数学方程式构成市场经济变量之间的函数关系，抽象地描述经济活动中各种经济过程、经济现象的相互联系，然后输入已掌握的信息资料，运用数学求解的方法，得出初步的预测结果。两种预测方法有不同的特点，适用于不同的市场情况。一般而言，掌握的资料少、时间紧，预测的准确程度要求低，可选用定性预测方法；掌握的资料丰富、时间充裕，可选用定量预测方法。

5. 做出预测推断

市场预测是运用定性分析和定量测算的方法进行的市场研究活动。在预测过程中，应尽可能地选用几种不同的预测方法，以便互相比较，验证其结果。有时可以运用多种预测方法来预测同一目标。预测方法的选用是否恰当，将直接影响预测的精确性和可靠性。运用预测方法的核心是建立描述、概括研究对象特征和变化规律的模型，根据模型进行计算或者处理，即可得到预测结果。

6. 评价预测结果

通过定性和定量预测的结果是初步的结果，这一结果还要加以多方面的评价和检验，才能最终使用。检验初步结果通常有理论检验、资料检验和专家检验三种方式。理论检验是运用经济学、市场学的理论和知识，采用逻辑分析的方法，检验预测结果的可靠性程度。资料检验是重新验证、核对预测所依赖的数据，将新补充的数据和预测初步结果与历史数据进行对比分析，检查初步结果是否合乎事物发展逻辑，符合市场发展情况。专家检验是邀请有关方面专家，对预测初步结果做出检验、评价，综合专家意见，对预测结果进行充分论证。在分析评判的基础上，通常还要根据最新信息对原预测结果进行评估和修正。

7. 编写预测报告

预测报告应该概括预测研究的主要活动过程，包括预测目标、预测对象及有关因素的分析结论、主要资料和数据，预测方法的选择和模型的建立，以及对预测结论的评估、分析和修正等。完成预测报告并不是预测活动的终结，报告完成后，还要对预测结果进行追踪调查。市场预测结果是一种有科学根据的“假定”，这种“假定”要由市场发展的实际过程来验证，因此，预测报告完成以后，要对预测结果进行追踪，考查预测结果的准确性和误差，并分析、总结原因，以便取得预测经验，不断提高预测水平。

五、市场预测的分类与方法

1. 市场预测的分类

（1）依据预测范围分类

宏观市场预测：对整个市场的预测分析，研究总量指标、相对数指标以及平均数指标之间的联系与发展变化趋势。宏观市场预测对企业确定发展方向和制定营销战略具有重要的指导意义。

微观市场预测：对一个生产部门、公司或企业的营销活动范围内的各种预测。微观市场预测是企业制定正确的营销战略的前提条件。微观市场预测是宏观市场预测的基础和前提，宏观市场预测是微观市场预测的综合与扩大。

（2）依据预测时间分类

近期预测：时间在 1 周至 1 季度之间的预测。

短期预测：时间在 1 季度至 1 年之间的预测，可帮助企业适时调整营销策略，实现企业经营管理的目标。

中期预测：时间在 1 年至 5 年之间的预测，可帮助企业确定营销战略。

长期预测：时间在 5 年以上的市场变化及其趋势的预测，可为企业制定总体发展规划和重大营销决策提供科学依据。

（3）依据预测对象分类

单项产品预测：是市场预测的基础，按照产品的品牌、规格与型号进行预测，可为企业编制季度计划、年度计划与安排生产进度提供科学依据。

同类产品预测：按照产品类别进行的预测，一般而言，按照同类产品的具体标志性特征进行具体预测。

产品总量预测：对消费者需要的各种产品的总量进行预测，一般属于行业预测。

（4）依据预测性质分类

定性预测：研究和探讨预测对象在未来市场所表现的性质，主要通过对历史资料的分析和对未来条件的研究，凭借预测者的主观经验、业务水平和逻辑推理能力，对未来市场的发展趋势做出推测与判断。定性预测简单易行，在预测精度要求不高时较为可行。

定量预测：确定预测对象在未来市场的可能数量，以准确、全面、系统、及时的资料为依据，运用数学或其他分析手段，建立科学合理的数学模型，对市场发展趋势做出数量分析。

2. 市场预测的方法

市场预测的方法很多，主要有以下两大类。

（1）定性预测方法

定性预测方法是指预测者依靠熟悉业务知识、具有丰富经验和综合分析能力的人员与专家，根据已掌握的历史资料和直观材料，运用个人的经验和分析判断能力，对事物的未来发展做出性质和程度上的判断，然后，再通过一定形式综合各方面的意见，做出预测的方法。定性预测方法主要包括指标法、集合意见法、德尔菲法、主观概率法和情景预测法五种。模块六将重点介绍指标法、集合意见法和德尔菲法的运用。

（2）定量预测方法

定量预测方法是根据已掌握的比较完备的历史统计数据，运用一定的数学方法进行科学的加工整理，借以揭示有关变量之间的规律性联系，用于预测和推测未来发展变化情况的一类预测方法。

定量预测方法基本上可分为两类：一类是时间序列预测法，它是以一个指标本身历史数据的变化趋势，去寻找市场的演变规律，作为预测的依据，即把未来作为历史的延伸。时序预测法包括平均数预测法、加权算术平均法、一次移动平均法、趋势预测法、季节变动预测法等。另一类是回归分析预测法，它从一个指标与其他指标的历史和现实变化的相互关系中，探索它们之间的规律性联系，作为预测未来的依据，包括一元线性回归分析预测法、多元线性回归法和投入产出法。

六、市场预测的误差

市场预测的误差从量的角度来说是指预测值与实际值的误差。预测误差是一个衡量预测精确度的指标，预测误差小，表明预测的精确度高；反之，预测的精确度低。

1. 预测误差的测定

定量预测的误差一般用绝对数表示，也可以用相对数表示。用绝对数表示的个别预测误差的计算公式为：

$$e = y - \hat{y}$$

用相对数表示的个别相对预测误差的计算公式为：

$$E = \frac{y - \hat{y}}{y} \times 100\%$$

$$= \frac{e}{y} \times 100\%$$

式中 e——预测误差的绝对值；

y——预测目标的实际值；

$\hat{y}$——预测目标的预测值或理论估计值；

E——预测误差的相对值，即相对误差。

（1）平均绝对误差（*MAE*）

平均绝对误差是各期误差绝对值的算术平均数，用以表明各期实际观察值与各期预测值（或理论值）的平均误差水平。计算公式为：

$$MAE = \frac{1}{n}\sum_{i=1}^{n} |e_i| = \frac{\sum |y - \hat{y}|}{n}$$

（2）标准预测或估计误差（*RMSE*）

标准预测或估计误差用以表明各期实际观察值与各期预测值（或理论值）的平均误差水平。计算公式为：

$$RMSE = \sqrt{\frac{1}{n}\sum_{i=1}^{n} e_i^2} = \sqrt{\frac{\sum (y - \hat{y})^2}{n}}$$

（3）综合相对误差

综合相对误差是均方根误差与各期实际观察值的平均数（$\bar{y}$）对比而计算的比率值，综合相对误差越小，预测的精确度越高。计算公式为：

$$综合相对误差 = RMSE/\bar{y} \times 100\%$$

2. 预测误差产生的主要原因

（1）随机因素的影响。

（2）预测资料的影响。

（3）预测模型的影响。

（4）预测方法的影响。

（5）判断推理准确性的影响。

（6）预测结果被采纳后的影响。

思考题

1. 简述市场预测的基本原则。
2. 简述市场预测的基本程序。
3. 简述定性预测与定量预测包含的方法。
4. 简述市场预测的内容。

模块六　定性预测方法的运用

任务1　运用指标法

知识目标

- 了解指标法的分类
- 掌握综合指标法的含义、种类
- 掌握领先指标法的含义、预测步骤、应用条件和应用领域

能力目标

- 能够运用综合指标法中的总量指标、相对指标和平均指标解决实际问题
- 能够运用领先指标法解决实际问题

任务引入

由于我国冰箱的城市市场基本饱和，各个企业都在努力进军农村市场。据权威部门估计，2018年城市会有2 000万台的销售量。现需采用指标法，以城市冰箱市场的占有率来对2018年农村冰箱市场的销售量进行预测。通过市场调查，得到前几年几种主要品牌的冰箱市场占有率资料为：美菱占有10%，容声占有12%，西门子占有13%，海尔占有14%，美的占有15%，其他品牌占有36%。假如你是这次市场预测的负责人，你将按照什么方法进行预测？

任务分析

本任务主要是采用指标法进行市场预测。指标法是定性预测方法中非常重要的一种方法，它的种类很多，如综合指标法、领先指标法、基本指标法、征兆指标法、技术指标法等。在实际运用时，应该根据预测要求进行具体方法的选择。

相关知识

一、综合指标法

1. 综合指标法的含义

综合指标法是统计的基本研究方法之一，是指运用各种综合统计指标，从具体数量方面对现实社会经济总体的规模及特征进行概括和分析的方法。在大量观察和分组基础上计算的综合指标，基本排除了总体中偶然因素的影响，反映出普遍的、决定性的结果。

2. 综合指标法的种类

综合指标法使用三种指标，即总量指标、相对指标和平均指标，或简称为绝对数、相对数和平均数。

（1）总量指标

总量指标反映被研究总体的单位总数或其某种标志的总量，如工业企业总体的企业数和其固定资产额、工业总产值等。总量指标按其所反映现象的性质，可分为：

1）时期指标。时期指标反映某些社会现象在一段时期内发展过程的总数量，如一段时期的产品产量等。连续的时期指标可以累计。

2）时点指标。时点指标反映社会现象在某一时点（瞬间）上所处状态的总数量，如年末的人口数等。正确计算总量指标，首先要以正确理论为依据，注意现象的同类性，然后再确定指标的性质和内容、核算的具体界限和统计的方法等。总量指标在计划管理和了解国情国力的基本情况方面应用很广，也是计算相对指标和平均指标的基础。

（2）相对指标

相对指标反映两个互有联系的社会现象数量的对比，表现被研究对象的发展程度、强度、利用程度、与其他现象的相互关联程度和总体结构等，它把绝对数值概括化和抽象化，使许多原来不便于直接对比的事物可以进行对比。相对指标一般可分为五种：

1）计划完成程度指标。计划完成程度指标是指报告期实际数与计划数的对比，用百分数表示，对比数值通常使用绝对数，也可使用相对数或平均数。计划完成程度指标反映整个时期计划执行的总评价，如实际数为部分时期的累计数，则反映计划执行的进度和均衡性。分析长期计划（如五年计划）执行情况时，视计划任务的不同而采用两种方法：一是累计法，在计划指标是按计划期各年总和规定时（如基本建设投资额计划），应用实际累计数计算各年累计完成百分比。全部计划时间减去累计已实际完成的时间，为提前完成计划的时间。二是水平法，在计划指标只要求在计划期末年能达到时应用（如主要工业品产量）。连续一年的实际数已达到计划指标以后的时间，为提前完成计划的时间。

2）结构指标。结构指标是指所研究现象各部分数值在总体中的比重，它说明总体的构成，反映事物发展的普遍程度，通常以百分数表示。

3）比较指标。比较指标是指某一时期同类现象间的数量对比，用倍数或百分数表示，如两国间土地面积的对比或人均粮食产量的对比等。比较指标通常用绝对数对比，有时也可用相对数或平均数对比。

4）强度指标。强度指标是指有密切联系的两个不同总体总量的对比，它表示现象发展的强度、密度和利用程度，如某时期某地区出生人数对该时期该地区平均人数的比值，就是该地区的人口出生率。强度指标是两个总体总量的对比，所以它的计量单位一般是复名数，如人口密度的计量单位“人/平方千米”，铁路网密度的计量单位“千米/千平方千米”等。

5）动态相对数。动态相对数是指现象在不同时间上的对比，即报告期指标与基期指标的对比。这个相对数也称“发展速度”，可以用百分数或倍数表示。

相对指标在计划经济、经营管理研究中都被广泛地应用。应用相对指标时应选择合理的对比基数，确保分子、分母在统计范围和核算方法上可比，将相对指标与绝对指标结合分析，计算每增减百分之一的绝对值的大小。

（3）平均指标

平均指标又称“统计平均数”，用以反映社会经济现象总体各单位某一数量标志在一定时间、地点条件下所达到的一般水平的综合指标。平均指标的种类有算术平均数、调和平均数、几何平均数、众数和中位数五种。前三种平均数是根据总体所有标志值计算的，因此称为数值平均数，后两种平均数是根据标志值所处的位置确定的，因此称为位置平均数。

二、领先指标法

1. 领先指标法的含义

社会各种经济现象之间的内在联系是十分紧密的，表现在经济指标上，则反映为时间序列上的先后关系。例如，原材料价格的变动先于制成品价格的变动，教育事业的发展先于科学技术的发展，科学技术的发展先于生产建设的发展等。

领先指标法就是利用经济指标之间的时间差异，将各种经济时间序列分为领先指标型、同步指标型、滞后指标型三种类型，根据这种分类，通过领先指标预测同步指标或滞后指标。运用领先指标法不但可以预测经济发展趋势，而且可以预测转折点。

2. 领先指标法的预测步骤

（1）根据预测的目标和要求找出领先指标。

（2）画出领先指标、同步指标、滞后指标的时间序列图。

（3）进行预测。

3. 领先指标法的应用条件

（1）能够确认指标之间的伴随关系到现在是否仍然存在。

（2）能够发现间隔时间有什么变化。

4. 领先指标法的应用领域

领先指标法不仅用于微观经济预测，而且可用于宏观经济预测。例如，把另一国家的国民经济发展速度作为领先指标，预测本国的国民经济发展速度；把科学技术和教育事业的发展作为领先指标，预测国家经济的发展等。

任务实施

根据本任务具体情况，选择领先指标法进行市场预测，预测步骤如下。

一、寻找与预测对象类似的参照物，确定领先指标和同步指标

从城市到农村，经济发展存在一个逐步降低的梯度，这就决定了消费者消费水平也有一个明显的从高到低的梯度。预测者认为，由于各个企业都在努力进军农村市场，城市市场割据也会波及农村，由此判断在我国目前情况下，不同企业之间的策略差异不大，市场占有率也不会有比较大的变化。因此，采用地区类比预测法，以城市各类冰箱市场占有率状况来推测各主要品牌在农村市场的可能销售量是可行的。

二、收集和分析参照物的相关资料，计算领先指标

在预测工作中，收集和分析同类事物较为完整可靠的资料、数据以供类比分析，是一个非常重要的环节。本次预测已收集了前几年几种主要品牌的冰箱市场占有率资料：美菱冰箱占有 10%，容声冰箱占有 12%，西门子冰箱占有 13%，海尔冰箱占有 14%，美的冰箱占有 15%，其他品牌冰箱占有 36%。

三、根据领先指标计算同步指标进行预测

在掌握了各品牌城市冰箱市场占有率的基础上，对各品牌冰箱 2018 年农村市场的销售量进行以下预测：

美菱冰箱销售量：2 000×10%＝200（万台）
容声冰箱销售量：2 000×12%＝240（万台）
西门子冰箱销售量：2 000×13%＝260（万台）
海尔冰箱销售量：2 000×14%＝280（万台）
美的冰箱销售量：2 000×15%＝300（万台）
其他品牌冰箱销售量：2 000×36%＝720（万台）

思考题

1. 指标法有哪些种类？
2. 举例说明怎样运用指标法预测经济的发展。

任务 2　运用集合意见法

知识目标

- 掌握集合意见法的含义
- 掌握集合意见法的组织形式与实施步骤
- 掌握集合意见法的分类

能力目标

- 能够正确运用各种集合意见法处理市场问题

任务引入

南方××股份有限公司是一家主要从事电冰箱压缩机设计、制造和销售的公司。多年来，该公司坚持面向市场、科技领先、超前开发的发展思路，产品的科技含量和市场占有率不断提高。2017 年度受家电市场需求拉动的影响，该公司生产的冰箱压缩机产销两旺，公司产销量再创新高。2017 年公司共生产冰箱压缩机 250 万台，销售 256 万台，产销量分别比 2016 年增长 20.4%和 21.6%。尤其是生产的新一代无氟压缩机，销量增长率达 32%，销售量达 180 万台。2018 年冰箱压缩机市场竞争日趋激烈，公司需要预测新一代无氟压缩机是否仍然能够保持旺盛势头，公司该如何安排新一代无氟压缩机的生产规模。假如你是该预测项目负责人，试采用集合意见法对新一代无氟压缩机 2018 年销售量趋势进行预测。

任务分析

集合意见法是定性预测法的一种重要方法，是将有关人员集中起来，对市场发展形势等问题进行充分的讨论、分析、交换意见，并做出个人判断的一种方法。集合意见法主要依靠预测者的观察分析能力、经验判断能力和逻辑推理能力进行预测分析。

相关知识

一、集合意见法的含义

集合意见法是指由调查人员召集企业内部或企业外部的相关人员，根据个人对事件的接触、认识，通过市场信息、资料及个人的经验，对未来市场做出判断，并加以综合分析的一种方法。许多预测问题只凭预测者个人的知识和经验进行预测往往具有局限性，而集合意见法则能集思广益，克服个人预测的局限性，有利于提高预测的质量。企业的近期或短期预测可采用这种方法，适用内容有市场开发、市场容量、产品销售量、市场占有率预测等。

二、集合意见法的组织形式与实施步骤

1. 集合意见法的组织形式

集合意见法的组织形式可以多种多样，预测组织者可根据需要和具体要求来确定。从人员构成上看，一般有三种形式。

（1）集合经营与管理人员的意见。就是将经理、管理人员和业务人员三方面的意见，加以归纳、整理、分析，从而确定企业的预测方案。

（2）集合企业内部业务人员的意见。就是提供意见的人员仅限于企业内部的业务人员，通过归纳、整理、分析企业内部业务人员的意见，来确定企业的预测方案。

（3）集合企业内、外部业务人员的意见。就是将所属经营机构的业务人员、分支机构的业务主管人员、有业务关系的其他企业的业务主管人员，以及联合企业的业务主管人员的判断意见，进行归纳、整理、分析，从而确定企业的预测方案。

2. 集合意见法的实施步骤

（1）确定参加预测的人员，并向他们提出预测项目和预测期限的要求。

（2）提出各自的预测方案。

（3）确定最终的预测方案。

采用集合意见法进行市场预测时，为了对预测人员的定量估计进行归纳、整理，常用的方法是主观概率法。

三、集合意见法的分类

1. 销售人员集合意见法

销售人员集合意见法是指企业直接将从事商品销售的经验丰富的人员组织起来，先由预测组织者向他们介绍预测目标、内容和预测期的市场经济形势等情况，要求销售人员利用平时掌握的信息结合提供的情况，对预测期的市场商品销售前景提出自己的预测结果和意见，最后提交给预测组织者进行综合分析，以得出最终的预测结论。

销售人员集合意见法主要用来预测商品需求动向，市场景气状况，商品销售前景，商品采购品种、花色、型号、质量和数量等方面的预测问题。这种方法多在一些统计资料缺乏或不全的情况下采用，对短期市场预测效果较好。

销售人员是商品的直接推销者，了解市场，熟悉商品销售情况，因此，销售人员集合意见法预测的结果对编制营销计划和判定经营决策有较大的参考价值。同时，让销售人员参与市场预测，可激发他们的责任感和工作积极性。但由于职业习惯和知识局限性，销售人员可能对宏观经济的运行态势和市场结构变化不甚了解，容易从局部出发做出预测，其结果带有一定的片面性。另外，预测者的激进或保守，都将影响到预测的准确性。如果最终预测值将作为任务目标时，预测者难免采取稳健态度，因而做出的预测值可能偏低。为此，应注意下列几点：

（1）应从各部门选择经验丰富、有预测分析能力的人员参与预测。

（2）应要求预测参与者经常收集市场信息，积累预测资料。

（3）预测组织者应定期将市场总形势和企业的经营情况提供给预测参与者。

（4）预测组织工作应经常化，并对预测成绩显著者给予表彰，以调动他们的积极性。

（5）对销售人员的估测结果，应进行审核、评估和综合，其综合预测值的计算可采用简单或加权算术平均法。

2. 业务主管人员集合意见法

业务主管人员集合意见法是指预测组织者邀请本企业内部的经理人员和采购、销售、仓储、财务、统计、策划、市场研究等部门的负责人作为预测参与者，向他们提供有关预测的内容、市场环境、企业经营状况和其他预测资料，要求他们根据提供的资料，并结合自己掌握的市场动态提出预测意见和结果，或者用会议的形式组织他们进行讨论，然后由预测组织者将各种意见进行综合，做出最终的预测结论。

由于各部门的业务主管人员都负责主管某个方面的工作，具有比较丰富的市场营销经验，平时掌握了较为详尽的市场信息，因此，他们的预测意见比较接近实际。同时，在集体分析企业内部条件和外界市场环境的基础上，还可以对那些影响未来市场需求与企业发展的因素逐一进行研究，提出本企业应采取的对策。

这种预测方法适用于市场需求、企业销售规模、目标市场选择、经营策略调整、企业投资方向等重要问题的预测性研究。但应注意防止过分依赖业务主管人员的主观判断；防止预测受参与者个人，特别是会议气氛所持的乐观或悲观态度的影响；注意分析预测意见和结果是否有充足的事实根据。

处理业务主管人员预测结果时，对定性描述的预测结果，应进行综合分析和论证，以消除某些主观因素的影响。对定量描述的预测结果，一般可采用简单或加权算术平均法求出综合预测值。例如，某矿泉水企业为了做好第二年的市场供应，预测组织者事先向各部门负责人提供了历年该矿泉水社会消费量、居民消费水平、本企业历年矿泉水销售量、市场占有率等情况，然后要求他们分别对本企业的销售量做出预测。预测结果见表 6—1。

表 6—1　某矿泉水企业矿泉水销售预测　　单位：吨

预测组织者	最低销售量	最可能销售量	最高销售量	平均销售量
经理 A	8 500	9 500	11 000	9 800
经理 B	8 200	9 200	11 500	9 700
业务科科长	8 400	9 500	11 200	9 800
财务科科长	8 300	9 400	12 000	10 000
批发部主管 A	8 600	9 000	11 500	9 700
批发部主管 B	8 200	9 500	10 500	9 500
销售部经理 A	8 400	9 600	11 800	10 000
销售部经理 B	8 300	9 500	11 500	9 900
综合预测值	8 400	9 400	11 400	9 800

$$\bar{x}=\frac{9\ 800+9\ 700+9\ 800+10\ 000+9\ 700+9\ 500+10\ 000+9\ 900}{8}=9\ 800\text{（吨）}$$

也可考虑预测者的地位、作用和业务水平不同，分别给予不同的权数，采用加权算术平均法求出综合预测值。

3. 专家会议集合意见法

专家会议集合意见法是指由预测组织者召开专家会议，在广泛听取专家预测意见的基础上，集合专家们的预测意见做出最终预测结论的方法。这里所说的专家，是指在某个研究领域或某个方面有专门知识和特长的人员，以及具有丰富实践经验的推销员、经济师、会计师、统计师、工程师等。

选择专家是专家会议集合意见法的一项重要工作。专家的选择应根据预测内容和任务来确定，既要注意选择精通专业技术的专家，也要注意物色有经验的实际工作者。专家会议的规模要适中，如果人数太少，限制了学科和部门的代表性，使问题得不到全面深入的讨论；如果人数太多，则会议不易组织，会议时间会拖长，对预测结果的处理也比较复杂。会议人数应由预测组织者根据实际情况的需要与可能而定，一般以 10 人左右为宜。

专家会议集合意见法适用于新产品开发、技术改造和投资可行性研究。为了使会议开得有成效，预测组织者应事先向专家们提供与预测问题有关的资料，以及需要讨论研究的具体题目和要求。在会议上，预测组织者不宜发表影响会议结果的倾向性意见，只是广泛听取意见，最后综合专家意见确定预测结果。专家会议集合意见法主要有以下几种方法：

（1）交锋式会议法

交锋式会议法要求参加会议的专家通过各抒己见、互相讨论来预测问题，以求达到一致或比较一致的预测意见。这种方法的局限性是与会者意见可能会因为主观、客观因素而被左右，无法完全反映与会者的全部正确意见。

（2）非交锋式会议法

非交锋式会议法要求与会者可以充分发表自己的预测意见，也可以对原来提出的预测意见再提出修改或补充意见，但不能对别人的意见提出质疑和批评。这种非交锋式会议法也被称为“头脑风暴法”，它可以克服交锋式会议法的缺点，起到互相启发、开拓思路的作用，但最后处理和综合预测意见比较难。

（3）混合式会议法

混合式会议法是交锋式会议法与非交锋式会议法的结合，又称“质疑头脑风暴法”。一般分两个阶段进行：第一阶段采用非交锋式会议法，即实行直接头脑风暴法；第二阶段实行质疑头脑风暴法，用交锋式会议法对第一阶段提出的预测意见进行质疑，在质疑过程中又提出新的预测意见或设想，经过不断讨论，最后取得比较一致的预测结论。

四、集合意见法的优缺点

1. 集合意见法的优点

（1）迅速、及时和经济，不需要经过复杂的计算，也不需要过多的预测费用，就可以及时得到预测结果。

（2）集中了各个方面熟悉市场情况的专家意见，可以发挥集体的智慧，预测结果比较可靠。

（3）不需要大量的统计资料，适合于对那些受不可控因素影响较多的产品进行销售预测。

（4）如果市场发生了变化可以自己进行修正。

2. 集合意见法的缺点

（1）预测结果容易受主观因素影响。

（2）对市场变化、消费者的愿望等问题了解不细，因此预测结果一般化。

任务实施

根据本任务具体情况，应选择业务主管人员集合意见法进行市场预测，实施步骤如下。

一、选择相关人员

为了使预测取得有效结果，公司成立了由主管销售的副总经理为负责人的预测组织机构。经过预测组织机构的认真考虑，决定本次预测选取下列人员：①本公司销售部门经理；②本公司生产计划部经理；③销售量占38%的山东区域代理商；④公司冰箱压缩机产品某主要经销商；⑤本公司熟悉市场的业务人员。

二、提供预测资料并提出预测要求

预测组织者向预测者提供了下列有关资料：

1. 新一代无氟冰箱压缩机的应用体现了环境保护的要求和产品发展趋势。

2. 国家对生产环保型产品的有关优惠政策。

3. 中国家用电器协会统计资料显示，2017年公司冰箱压缩机产量及销量均居全国同行业第三位，市场占有率达11.8%。

4. 目前家电市场产销两旺，中国家用电器协会预测2018年家电市场仍将保持旺盛势头。

5. 新一代无氟冰箱压缩机在本公司压缩机销售中比重有很大提高，公司目前该产品销售情况良好且尚无库存形成。

6. 公司流动资金来源和运用情况良好。

7. 有关改善企业经营管理的措施及其可能取得的效果。

根据本公司开发、生产新一代无氟冰箱压缩机的要求，参与预测的有关人员在分析有利和不利因素的基础上，就该产品在2018年的可能销售量进行预测，并在2017年10月31日前完成该项预测工作。

三、预测人员提出各自的预测值

参与预测的人员根据预测要求及掌握的资料，凭个人经验和分析判断能力，提出各自的预测方案。在此过程中，预测人员在对市场竞争态势和公司内部经营管理状况等进行定性分析的基础上，量化了自己的判断结果，具体包括：①确定未来市场的可能状态；②确定每种状态下市场销售可能达到的水平，即状态值；③确定各种可能状态出现的概率。

本公司在此次预测中，各预测人员分别得出的预测结果见表6—2。

表 6—2 预测人员对新一代无氟冰箱压缩机销售量的预测结果

预测人员	销售状态	销售量（万台）	概率
销售部门经理	最高销售量	200	0.3
	最可能销售量	190	0.6
	最低销售量	170	0.1
生产计划部经理	最高销售量	220	0.2
	最可能销售量	200	0.5
	最低销售量	150	0.3
代理商	最高销售量	190	0.1
	最可能销售量	170	0.7
	最低销售量	160	0.2
经销商	最高销售量	220	0.3
	最可能销售量	200	0.5
	最低销售量	180	0.2
业务人员	最高销售量	210	0.2
	最可能销售量	180	0.6
	最低销售量	170	0.2

四、预测组织者分别计算每个预测人员预测方案的期望值

销售部门经理的期望值：$200\times0.3+190\times0.6+170\times0.1=191$（万台）
生产计划部经理的期望值：$220\times0.2+200\times0.5+150\times0.3=189$（万台）
代理商的期望值：$190\times0.1+170\times0.7+160\times0.2=170$（万台）
经销商的期望值：$220\times0.3+200\times0.5+180\times0.2=202$（万台）
业务人员的期望值：$210\times0.2+180\times0.6+170\times0.2=184$（万台）

五、将预测人员的预测结果进行综合，计算各类综合期望值

如果假定每个预测者的预测能力没有差别，那么可以以他们的期望销售量的简单算术平均值作为该产品的销售量预测值：

$$\text{销售量预测值}=\frac{191+189+170+202+184}{5}=187.2\ (\text{万台})$$

实际上，由于预测人员预测能力上的差别，可以根据每个预测人员的预测能力给以不同的权数，然后计算加权算术平均数。若五个预测者的权数分别为 0.3、0.25、0.2、0.15、0.1，则销售量的预测值$=191\times0.3+189\times0.25+170\times0.2+202\times0.15+184\times0.1=187.25$（万台）。

六、确定最终的预测值

在确定最后预测结果时，当预测组织者采用统计法得到综合预测值后，还应当参照当时

市场上正在出现的苗头，考虑是否需要对综合预测值进行调整，或进一步向有关人员反馈信息，再进行讨论，使预测结果更趋合理。

思考题

1. 集合意见法有哪些种类？
2. 举例说明集合意见法的实施步骤。

任务3　运用德尔菲法

知识目标

➢ 掌握德尔菲法的含义及基本特点
➢ 掌握德尔菲法的具体实施步骤
➢ 掌握德尔菲法的统计处理与应用

能力目标

➢ 能够按照具体步骤操作德尔菲法
➢ 能够正确处理德尔菲法的统计结果

任务引入

2017年某公司研制出一种新产品，现在市场上还没有相似产品出现，因此没有历史数据可以获得。公司需要对新产品可能的销售量做出预测，以决定产量。于是该公司成立专家小组，并聘请业务经理、市场专家和销售人员等8位专家，通过德尔菲法预测新产品全年可能的销售量。假如你是此次预测的操作者，该如何组织此次预测？

任务分析

德尔菲法是市场预测定性方法中最重要、最有效的一种方法，应用十分广泛。根据本任务，组织者应该按照德尔菲法的基本步骤进行操作，确保减少操作中由于主观因素带来的误差。

相关知识

一、德尔菲法的含义及基本特点

1. 德尔菲法的含义

德尔菲法也称专家调查法，是一种采用通信方式分别将所需解决的问题单独发送至各个专家，征询其意见，然后回收汇总全部专家的意见，并整理出综合意见，然后将该综合意见和预测问题再分别反馈给专家，再次征询意见，各专家依据综合意见修改自己原有的意见，然后再汇总，这样多次反复，逐步取得比较一致的预测结果的决策方法。

德尔菲法依据系统的程序，采用匿名发表意见的方式，即专家之间不得互相讨论，不发生横向联系，只能与预测人员发生关系，通过多轮次综合调查专家对问卷所提问题的看法，经过反复征询、归纳、修改，最后汇总成专家基本一致的看法，作为预测的结果。德尔菲法具有广泛的代表性，预测结果较为可靠。

2. 德尔菲法的基本特点

德尔菲法是一种利用函询形式进行的集体匿名思想交流过程，它有四个明显区别于其他专家预测方法的特点。

（1）匿名性

采用德尔菲法时所有专家组成员不直接见面，只是通过函件进行交流，这样就可以消除权威的影响，这是德尔菲法的主要特征。匿名是德尔菲法极其重要的特点，从事预测的专家彼此互不知道其他有哪些人参加预测，他们是在完全匿名的情况下交流思想的。但后来改进的德尔菲法允许专家开会进行专题讨论。

（2）反馈性

德尔菲法需要经过三四轮的信息反馈，在每次反馈中使预测组和专家组都可以进行深入研究，使得最终结果能够反映专家的基本想法和对信息的认识，所以结果较为客观、可信。

（3）统计性

德尔菲法的统计结果是要报告一个中位数和两个四分点，其中一半落在两个四分点之内，一半落在两个四分点之外。这样，每种观点都包括在统计结果中，避免了专家会议法只反映多数人观点的缺点。

（4）广泛性

德尔菲法吸收了不同专家的预测，充分利用了不同专家的经验和学识，具有广泛性的特点，确保了最终结论的可靠性。

正是由于德尔菲法具有以上这些特点，使它在诸多判断预测或决策手段中脱颖而出。德尔菲法的优点主要是简便易行，可以获得各种不同但有价值的观点和意见，适用于长期预测和对新产品的预测；缺点是责任比较分散，专家的意见有时可能不完整或不切合实际。

二、德尔菲法的具体实施步骤

在德尔菲法的实施过程中，始终有两方面的人在活动，一方面是预测组织者，另一方面是被选出来的专家。首先应注意的是德尔菲法中的调查表与通常的调查表有所不同，它除了有通常调查表向被调查者提出问题并要求回答的内容外，还兼有向被调查者提供信息的责任，它是专家们交流思想的工具。德尔菲法的工作流程大致可以分为四个步骤，在每一步骤中，预测组织者与专家都有各自不同的任务。

1. 开放式的首轮调查

（1）由预测组织者发给专家的第一轮调查表是开放式的，只提出预测问题，请专家围绕预测问题提出预测事件。

（2）预测组织者汇总整理专家调查表，归并同类事件，排除次要事件，用准确术语提出一个预测事件一览表，并作为第二轮调查的调查表发给专家。

2. 评价式的第二轮调查

（1）专家对第二张调查表所列的每个事件做出评价。例如，说明事件发生的时间、争论的问题和事件或迟或早发生的理由。

（2）预测组织者统计处理第二轮专家意见，整理出第三张调查表。第三张调查表包括事件发生的中位数和上下四分点，以及事件发生在四分点外侧的理由。

3. 重审式的第三轮调查

（1）预测组织者发放第三张调查表，请专家重审争论。

（2）专家对上下四分点外的对立意见做一个评价。

（3）专家给出自己新的评价（尤其是在上下四分点外的专家，应重述自己的理由）。

（4）专家如果修正自己的观点，也应叙述改变的理由。

（5）预测组织者回收专家们的新评论和新争论，与第二轮类似地统计中位数和上下四分点。

（6）预测组织者总结专家观点，形成第四张调查表，重点在争论双方的意见。

4. 复核式的第四轮调查

（1）预测组织者发放第四张调查表，专家再次评价和权衡，做出新的预测。是否要求做出新的论证与评价，取决于组织者的要求。

（2）预测组织者回收第四张调查表，计算每个事件的中位数和上下四分点，归纳总结各种意见的理由以及争论点。

值得注意的是，并不是所有被预测的事件都要经过四个步骤。有的事件可能在第二步就达到统一，而不必在第三步中出现；有的事件可能在第四步结束后，专家对各事件的预测也不一定都达到统一。不统一也可以用中位数与上下四分点来做结论。

任务实施

在本任务中，8 位专家进行了 3 轮判断，最终得出的结论见表 6—3。

表 6—3　　专家反馈结果表　　单位：万台

专家编号	第一次判断			第二次判断			第三次判断		
	最低销售量	最可能销售量	最高销售量	最低销售量	最可能销售量	最高销售量	最低销售量	最可能销售量	最高销售量
1	150	750	900	600	750	900	550	750	900
2	200	450	600	300	500	650	400	500	650
3	400	600	800	500	700	800	500	700	800
4	750	900	1 500	600	750	1 500	500	600	1 250

续表

专家编号	第一次判断			第二次判断			第三次判断		
	最低销售量	最可能销售量	最高销售量	最低销售量	最可能销售量	最高销售量	最低销售量	最可能销售量	最高销售量
5	100	200	350	220	400	500	300	500	600
6	300	500	750	300	500	750	300	600	750
7	250	300	400	250	400	500	400	500	600
8	260	300	500	350	400	600	370	410	610
平均数	345	500	725	390	550	775	415	570	770

一、平均值预测

在预测时，最终一次判断是综合前几次的反馈做出的，因此在预测时一般以最后一次判断为主。如果按照8位专家第三次判断的平均值计算，则预测这个新产品的平均销售量为：(415+570+770)/3=585（万台）。

二、加权平均预测

将最可能销售量、最低销售量和最高销售量分别按0.5、0.2和0.3的概率加权平均，则预测这个新产品的平均销售量为：570×0.5+415×0.2+770×0.3=599（万台）。

三、中位数预测

用中位数计算，可将第三次判断按预测值高低排列如下：

最低销售量：300、370、400、500、550

最可能销售量：410、500、600、700、750

最高销售量：600、610、650、750、800、900、1 250

则最低销售量、最可能销售量和最高销售量的中位数分别为400、600、750。

将最可能销售量、最低销售量和最高销售量分别按0.5、0.2和0.3的概率加权平均，则预测平均销售量为：600×0.5+400×0.2+750×0.3=695（万台）。

所以，通过几种方法的测算，可以预测出该项新产品2018全年销售量可达到600万台左右。

思考题

1. 德尔菲法的特点有哪些？
2. 简述德尔菲法的含义。
3. 简述德尔菲法的实施步骤。

模块七　定量预测方法的运用

任务 1　运用时间序列预测法

知识目标

- 掌握时间序列预测法的含义及基本特征、基本步骤
- 掌握时间序列模型
- 掌握时间序列预测法的种类

能力目标

- 能够运用时间序列的集中模型
- 能够具体运用平均数预测法、趋势预测法和季节变动预测法

任务引入

S 地区属于贫困地区，该地区 2006—2017 年农民存款历史数据见表 7—1，现需要对该地区农民 2018 年年末的农民存款进行预测。假如你是该预测项目的负责人，请采用时间序列预测法对 S 地区 2018 年的农民存款进行预测。

表 7—1　　S 地区农民历年存款额　　单位：亿元

年份	存款额
2006	0.371 4
2007	0.372 8
2008	0.487 1
2009	0.968 1
2010	1.005 3
2011	1.480 7
2012	1.151 6
2013	1.466 0
2014	1.970 2
2015	2.673 4
2016	3.882 1
2017	5.961 5

任务分析

时间序列是指把历史统计资料按时间顺序排列起来得到的一组数据序列。例如，按月份排列的某种商品的销售量，工农业总产值按年度顺序排列起来的数据序列等，都是时间序列。时间序列预测法将影响预测目标的一切因素都由“时间”综合起来加以描述。因此，时间序列预测法主要用于分析影响事物的主要因素比较困难或相关变量资料难以得到的情况，预测时先要进行时间序列的模式分析。

相关知识

一、时间序列预测法的含义及基本特征

1. 时间序列预测法的含义

时间序列也叫时间数列、历史复数或动态数列，它是将某种统计指标的数值，按时间先后顺序排列所形成的数列。时间序列预测法就是通过编制和分析时间序列，根据时间序列所反映出来的发展过程、方向和趋势，进行类推或延伸，借以预测下一段时间或以后若干年内可能达到的水平。时间序列预测法的内容包括：收集与整理某种社会现象的历史资料；对这些资料进行检查鉴别，排成数列；分析时间数列，从中寻找该社会现象随时间变化而变化的规律，得出一定的模式，根据模式去预测该社会现象将来的情况。

2. 时间序列预测法的基本特征

（1）时间序列预测法是根据过去的变化趋势预测未来的发展

时间序列预测是根据客观事物发展的连续规律性，运用过去的历史数据，通过统计分析，进一步推测未来的发展趋势。事物的过去会延续到未来这个假设前提包含两层含义：一是不会发生突然的跳跃变化，是以相对小的步伐前进；二是过去和当前的现象可能表明现在和将来活动的发展变化趋向。这就决定了在一般情况下，时间序列预测法对于短期、近期预测比较显著，但如果延伸到更远的将来，就会出现很大的局限性，导致预测值偏离实际较大而使决策失误。

（2）时间序列数据变动存在着规律性与不规律性

时间序列中每个观察值的大小是影响变化的各种不同因素在同一时刻发生作用的综合结果。从这些影响因素发生作用的大小和方向变化的时间特性来看，这些因素造成的时间序列数据的变动可分为四种类型。

1）趋势性。某个变量随着时间进展或自变量变化，呈现一种比较缓慢而长期的持续上升、下降、停留的同性质变动趋向，但变动幅度可能不相等。

2）周期性。某因素由于外部影响，随着自然季节的交替出现高峰与低谷的规律。

3）随机性。个别为随机变动，整体呈统计规律。

4）综合性。实际变化情况是几种变动的叠加或组合，预测时应设法除去不规则变动，

突出反映趋势性和周期性变动。

二、时间序列预测法的基本步骤

时间序列预测法的基本步骤一般包括四步。

第一步：收集历史资料，加以整理，编成时间序列，并根据时间序列绘成统计图。按各种因素的特点或影响效果，可将时间序列分为长期趋势、季节变动、循环变动和不规则变动四大类。

第二步：分析时间序列。时间序列中每一时期的数值都是由许许多多不同的因素同时发生作用后的综合结果。

第三步：求时间序列的长期趋势、季节变动和不规则变动的值，并选定近似的数学模型来代表它们。对于数学模型中的未知参数，使用合适的技术方法求出其值。

第四步：利用时间序列资料求出长期趋势、季节变动和不规则变动的数学模型后，就可以利用它来预测未来的长期趋势值 T 和季节变动值 S，在可能的情况下预测不规则变动值 I，然后用以下模式计算出未来的时间序列预测值 Y。

加法模式：$T+S+I=Y$

乘法模式：$T\times S\times I=Y$

如果不规则变动的预测值难以求得，就只求长期趋势和季节变动的预测值，以两者相乘之积或相加之和为时间序列的预测值。如果经济现象本身没有季节变动或不需预测分季、分月的资料，则长期趋势的预测值就是时间序列的预测值，即 $T=Y$。但要注意这个预测值只反映现象未来的发展趋势，即使很准确的趋势线在按时间顺序的观察方面所起的作用，本质上也只是一个平均数的作用，实际值将围绕着它进行上下波动。

三、时间序列模式

时间序列模式是指历史时间序列所反映的某种可以识别的事物变动趋势形态。不同的时间序列预测方法只适用于一定的数据时间序列模式。因此，对时间序列模式的理解是学习时间序列预测方法的基础。时间序列的基本模式可以归纳为水平型、趋势型、周期变动型和随机型四种，大体反映了市场供求变动的基本形态，下面分别介绍。

1. 水平型

水平型时间序列模式是指时间序列各个观察值呈现出围绕着某个定值上下波动的变动形态，如某些非季节性的生活必需品的逐月销售量等。以某商品销售量为例，水平型时间序列模式如图 7—1 所示。

2. 趋势型

趋势型时间序列模式是指时间序列在一定时期虽出现小范围的上下波动，但总体上呈现出持续上升或下降趋势的变动形态，如高档耐用消费品的经济寿命曲线等。趋势型时间序列模式依其特征不同又可分为线性趋势模式（见图 7—2）和非线性趋势模式两种。

3. 周期变动型

周期变动型时间序列模式是指随着时间的推移，时间序列呈现出有规则的上升与下降循

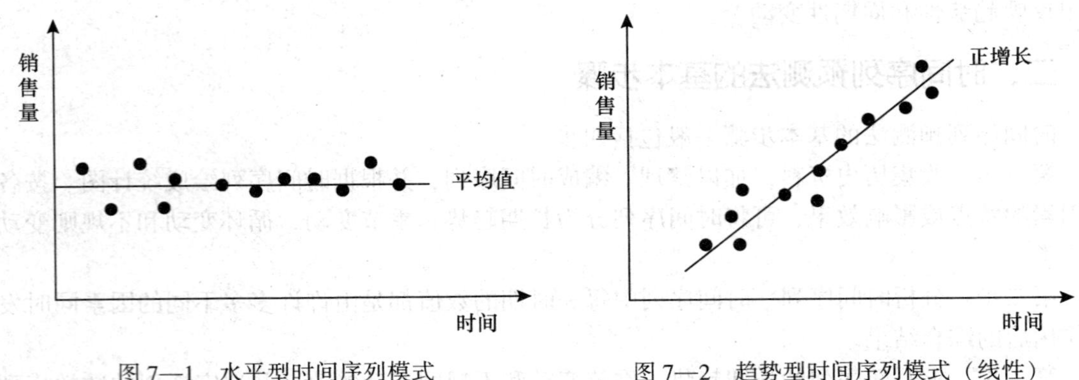

图 7—1　水平型时间序列模式　　图 7—2　趋势型时间序列模式（线性）

环变动的形态。按时间序列循环波动的周期不同，可分为季节变动型模式和循环变动型模式两类。常见的是季节变动型模式，这种模式往往是指以年为变动周期，按月或按季度编制的时间序列，如许多季节性消费品的按月、按季销售量等（见图 7—3）。

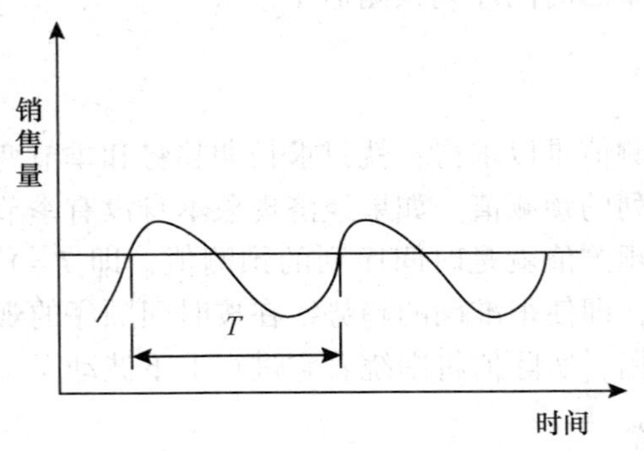

图 7—3　季节型时间序列模式

4. 随机型

随机型时间序列模式是指时间序列所呈现的变化趋势走向升降不定，没有一定规律可循的变动势态。这种现象往往是由于某些偶然因素引起的，如经济现象中的不规则变动、政治环境变动以及自然气候的突变等因素所致。对于这类时间序列模式，很难运用时间序列预测方法做出预测，但有时也可通过某种统计处理，消除不规则因素影响，找出事物的固有变化规律，从而进行分析预测。

四、时间序列预测法的种类

根据对资料分析方法的不同，时间序列预测法可分为平均数预测法（简单算术平均数法、加权算术平均法、一次移动平均法、加权移动平均法）、趋势预测法、季节变动预测法、市场寿命周期预测法等，下面就主要的一些方法进行讲解。

1. 平均数预测法

平均数预测法是指通过汇总历史数据资料后再求平均值，以此结果来代替对事物发展的预测值，它主要对未来市场水平量进行估计，适用于市场现象各期变化不大、变动趋势呈水平直线状态、各观察值错落于某一直线上下的情况预测，预测对象通常无显著长期趋势变动和季节变动。根据计算平均数的要求不同，平均数预测法可分为简单算术平均数法、加权算术平均法和一次移动平均法等。

（1）简单算术平均数法

简单算术平均数法也叫简单序时平均数法，即把若干历史时期的统计数值作为观察值，求出算术平均数作为下期预测值。这种方法基于"过去这样，今后也将这样"的假设，把近期和远期数据等同化和平均化，因此只能适用于事物变化不大的趋势预测。如果事物呈现某种上升或下降的趋势，就不宜采用此法。

简单算术平均数是将各单位的标志值 X_i 直接相加得出标志总量，再除以总体单位数 N，就得到简单算术平均数。用公式表示为：

$$\overline{X}=\frac{X_1+X_2+X_3+\cdots+X_n}{N}=\frac{\sum_{i=1}^{N}X_i}{N}$$

式中 $\overline{X}$——算术平均数；

X——各单位标志值（变量值）；

N——总体单位数（项数）。

例 1：某服装公司 2017 年 1—6 月的销售额见表 7—2，要求预测 7 月份的销售额。

表 7—2 某服装公司 2017 年 1—6 月销售额统计表 单位：万元

月份	1	2	3	4	5	6	合计
销售额	160	200	180	170	220	210	1 140

解：

$$\overline{X}=\frac{X_1+X_2+X_3+\cdots+X_n}{N}=\frac{\sum_{i=1}^{N}X_i}{N}$$

$$=\frac{160+200+180+170+220+210}{6}$$

$$=190\text{（万元）}$$

因此，预测值可以用过去历史资料的算术平均值代替，该服装公司 7 月份预计销售额为 190 万元。

（2）加权算术平均法

加权算术平均法是指利用过去若干个按照发生时间顺序排列起来的同一变量的观测值并以时间顺序数为权数，计算出观测值的加权算术平均数，以这一数字作为预测未来期间该变量预测值的一种趋势预测方法。采用这种方法来确定预测值，目的是为了适当扩大近期实际成本量对未来期间成本量预测值的影响作用。

在进行信息处理时，一个重要的因素就是考虑时间的影响。信息发生越接近预测时间，它的影响就越大，重要性就越强，可靠性也就越高。这就需要运用不同时期所对应的权数来体现由于时间差异而获得信息的重要性。权数还可以用在其他方面，如预测者的能力大小、历史效果记录等。

加权算术平均数的计算公式如下：

$$\overline{X}=\frac{x_1 f_1+x_2 f_2+\cdots+x_n f_n}{f_1+f_2+\cdots+f_n}=\frac{\sum xf}{\sum f}$$

式中 $\overline{X}$——算术平均数；

x——各单位标志值（变量值）；

f——各组单位数（项数）。

例 2：某化妆品销售公司 2017 年 1—6 月的销售额见表 7—3，要求预测 7 月份的销售额。

表 7—3 某化妆品销售公司 2017 年 1—6 月销售额统计表 单位：万元

月份	1	2	3	4	5	6	合计
销售额	160	200	180	170	220	210	1 140
权数	1	2	3	4	5	6	

解：

$$\overline{X}=\frac{x_1 f_1+x_2 f_2+\cdots+x_n f_n}{f_1+f_2+\cdots+f_n}=\frac{\sum xf}{\sum f}$$

$$=\frac{160\times1+200\times2+180\times3+170\times4+220\times5+210\times6}{1+2+3+4+5+6}$$

$$=197\text{（万元）}$$

（3）一次移动平均法

一次移动平均法是指收集一组观察值，计算这组观察值的均值，利用这一均值作为下一期预测值，是对时间序列的数据按一定跨越期进行移动，逐个计算其移动平均值，取最后一个移动平均值作为预测值的方法。

一次移动平均法是直接以本期（t 期）移动平均值作为下期（$t+1$ 期）预测值的方法。在移动平均值计算中包括的过去观察值的实际个数，必须一开始就明确规定。每出现一个新观察值，就要从移动平均值中减去一个最早观察值，再加上一个最新观察值，这一新的移动平均值就作为下一期的预测值。

一次移动平均法一般适用于时间序列数据是水平型变动的预测，不适用于明显的长期变动趋势和循环型变动趋势的时间序列预测。

一次移动平均法有三个特点：

1）预测值是离预测期最近的一组历史数据（实际值）平均的结果。

2）参加平均的历史数据的个数（即跨越期数）是固定不变的。

3）参加平均的一组历史数据是随着预测期的向前推进而不断更新的，每当吸收一个新的历史数据参加平均的同时，就剔除原来一组历史数据中离预测期最远的那个历史数据。

一次移动平均法的预测模型如下：

$$\bar{x}_{t+1} = M_t^{(1)} = \frac{x_t + x_{t-1} + \cdots + x_{t-n+1}}{n}$$

式中　$\bar{x}_{t+1}$——$t+1$ 期的预测值；

$M_t^{(1)}$——第 t 期一次移动平均值；

n——跨越期数，即参加移动平均的历史数据的个数。

例 3：某商品 2017 年 1—12 月的销售量见表 7—4，请用一次移动平均法预测 2018 年第一季度该商品销售量。

表 7—4　　移动平均法计算表

时间	时期 t	实际销售量（台）	3 个月移动平均预测
2017. 1	1	53	—
2017. 2	2	46	—
2017. 3	3	28	—
2017. 4	4	35	42
2017. 5	5	48	36
2017. 6	6	50	37
2017. 7	7	38	44
2017. 8	8	34	45
2017. 9	9	58	41
2017. 10	10	64	43
2017. 11	11	45	52
2017. 12	12	42	56

解：假设采用 3 个月移动平均法，设 $n=3$ 时，

2018 年 1 月商品销售量预测：$M_1 \frac{t_{10}+t_{11}+t_{12}}{3}=\frac{64+45+42}{3}\approx 50$（台）

2018 年 2 月商品销售量预测：$M_2=\frac{t_{11}+t_{12}+m_1}{3}=\frac{45+42+50}{3}\approx 46$（台）

2018 年 3 月商品销售量预测：$M_3=\frac{t_{12}+m_1+m_2}{3}=\frac{42+50+46}{3}=46$（台）

所以，2018 年第一季度的商品销售量预测为：50+46+46=142（台）。

一次移动平均法的优点是计算量少，移动平均线能较好地反映时间序列的趋势及其变化。一次移动平均法的缺点是计算移动平均必须具有多个过去观察值，当需要预测大量的数值时，就必须存储大量数据。

2. 趋势预测法

趋势预测法有多种，以下主要介绍趋势延伸法。

趋势延伸法又叫趋势外推法，就是根据时间序列数据，运用数学的最小二乘法求得变动趋势线并使其延伸，借以预测未来发展趋势的方法，因此又叫最小二乘法。趋势延伸法适用

于长期预测，常用的主要有直线趋势法和曲线趋势法。这里主要介绍直线趋势法。

直线趋势法适用于历史数据随时间的推移变化趋势近于直线的情况。其计算公式为：

$$Y=a+bX$$

式中 Y——预测理论值；

X——时间序数；

a、b——待定系数。

根据最小二乘法原理，当 $\sum X=0$ 时，有：

$$a=\sum Y/n$$

$$b=\sum XY/\sum X^2$$

例 4：某企业 2017 年 1—5 月的销售额资料见表 7—5，试预测该企业 6 月份的销售额。

表 7—5　某企业 2017 年 1—5 月的销售额资料

月份	1	2	3	4	5
销售额（万元）	47 002	53 902	59 104	65 190	69 408

解：按照求参数公式的要求列出计算表（见表 7—6）。

表 7—6　计算表

月份	Y（销售额）	X（时间序数）	X^2	XY
1	47 002	-2	4	-94 004
2	53 902	-1	1	-53 902
3	59 104	0	0	0
4	65 190	1	1	65 190
5	69 408	2	4	138 816
$n=5$	$\sum Y=294\ 606$	$\sum X=0$	$\sum X^2=10$	$\sum XY=56\ 100$

代入公式，求参数得：$a=58\ 921.2$，$b=5\ 610$。建立直线方程为：

$$Y=a+bX=58\ 921.2+5\ 610\times3=75\ 751.2\text{（万元）}$$

因此，6 月份销售额的预测值为 75 751. 2 万元。

3. 季节变动预测法

季节变动预测法又称季节周期法、季节指数法、季节变动趋势预测法。季节变动预测法是对包含季节波动的时间序列进行预测的方法。要研究这种预测方法，首先要研究时间序列的变动规律。

许多产品的市场需求往往有季节性，如服装、空调和冷饮等。对于这类产品市场需求的预测，需要考虑季节变动的因素。季节变动是指价格由于自然条件、生产条件和生活习惯等因素的影响，随着季节的转变而呈现的周期性变动，这种周期通常为 1 年。季节变动的特点是有规律性的，每年重复出现，其表现为逐年同月（或季）有相同的变化方向和大致相同的变化幅度。

季节变动预测法的基本步骤如下：

第一步：收集以往各季实际数据资料。

第二步：计算以往各季数据的平均值。

第三步：计算各季同期数据的平均值。

第四步：计算各季季节指数，以各季同期平均值除以总平均值。

第五步：计算各季预测值，以实际数据最后一年的各季值乘以各季季节指数。

例 5：某纺织产品 2013—2016 年各季市场需求量见表 7—7，试运用季节变动预测法预测 2017 年各季的市场需求。

解：

第一步：收集以往各季实际数据资料。

第二步：计算以往各季数据的平均值（见表 7—7）。

表 7—7　某纺织产品 2013—2016 年各季市场需求量　单位：亿元

季度 年度	一季度 A_1	二季度 A_2	三季度 A_3	四季度 A_4	各季平均
2013	1.66	4.07	4.38	3.19	3.33
2014	1.46	4.72	5.76	3.45	3.84
2015	1.59	4.39	5.60	3.47	3.76
2016	2.42	4.14	5.02	2.76	3.58

第三步：计算各季同期数据的平均值，用 A 表示；计算历年所有季度的平均值，用 B 表示。

第四步：计算各季季节指数，用 S 表示，以各季同期平均值（A）除以各季同期总平均值（B）。

第五步：计算各季预测值，以实际数据最后一年的各季值乘以各季季节指数，得表 7—8。

表 7—8　某纺织产品 2013—2016 年各季市场需求量及其预测值　单位：亿元

季度 年度	一季度	二季度	三季度	四季度	各季平均
2013	1.66	4.07	4.38	3.19	3.33
2014	1.46	4.72	5.76	3.45	3.84
2015	1.59	4.39	5.60	3.47	3.76
2016	2.42	4.14	5.02	2.76	3.58
合计	7.13	17.32	20.76	12.87	14.51
同期平均值（A）	1.78	4.33	5.19	3.21	3.62
季节指数（S/%） $S=A/B$	0.49	1.19	1.43	0.89	—
2017 年预测值 $Y=Y_t \times S$	1.19	4.93	7.18	2.46	—

任务实施

本任务中，预测 S 地区 2018 年年末农民存款的预测流程如下。

一、收集、整理市场现象的历史资料，编制时间序列

S 地区 2006—2017 年农民存款历史数据见表 7—1。

二、对时间序列进行分析

根据表 7—1 数据，可绘制动态曲线图，如图 7—4 所示。

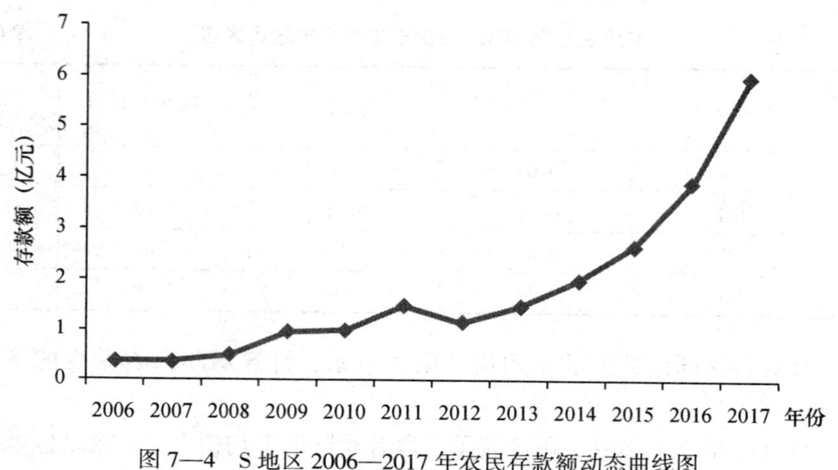

图 7—4 S 地区 2006—2017 年农民存款额动态曲线图

从图 7—4 中可以看出，S 地区 2006—2017 年农民存款额的动态曲线图为趋势型，说明 S 地区农民存款是按照稳定增加的规律向前发展的。在 2006—2017 年的 12 年中，农民的存款额有 11 年增加，只有 2012 年是下降的。

农民存款额从 2013 年开始发生转折，以后 4 年的年平均存款为 3. 621 8 亿元，比以前 4 年的年平均存款额 1. 151 4 亿元增加了 2. 1 倍。

三、选择预测方法，建立预测模型

根据对时间序列的认真分析，选择与时间序列变动规律相适应的预测方法，并建立相应的预测模型。

S 地区农民存款额时间序列变动规律呈趋势型，因此选择采用直线趋势法进行预测。

根据表 7—1 数据，可得计算表 7—9。

表 7—9 S 地区农民年末存款额计算表

年份	Y（存款额）	X（时间序列）	X^2	XY
2006	0. 371 4	1	1	0. 371 4

续表

年份	Y（存款额）	X（时间序列）	X^2	XY
2007	0. 372 8	2	4	0. 745 6
2008	0. 487 1	3	9	1. 461 3
2009	0. 968 1	4	16	3. 872 4
2010	1. 005 3	5	25	5. 026 5
2011	1. 480 7	6	36	8. 884 2
2012	1. 151 6	7	49	8. 061 2
2013	1. 466 0	8	64	11. 728 0
2014	1. 970 2	9	81	17. 731 8
2015	2. 673 4	10	100	26. 734 0
2016	3. 882 1	11	121	42. 703 1
2017	5. 961 5	12	144	71. 538 0
	$\sum Y = 21.7902$	$\sum X = 78$	$\sum X^2 = 650$	$\sum XY = 198.8575$

通过表 7—9，可得 $a=1.8158$，$b=0.3059$，代入公式：

$$Y=a+bX=1.8158+0.3059\times13=5.7925\text{（亿元）}$$

因此，预测 2018 年年末 S 地区农民存款额为 5. 792 5 亿元。

四、测算预测误差，确定预测值

对于所建立的预测模型，通过测算其预测误差，可以判定模型是否能用于实际预测。若其误差值在研究问题所允许的范围内，即可以用预测模型确定市场现象的预测值。

思考题

1. 时间序列预测法有哪些具体的方法？
2. 举例说明时间序列预测法在现实生活中的运用。

任务 2　运用回归分析预测法

知识目标

- 掌握回归分析预测法的含义
- 掌握回归分析预测法的基本步骤
- 掌握一元线性回归分析预测法的含义、模型分析以及模型检验

能力目标

- 能够熟练运用一元线性回归分析预测法解决实际问题

任务引入

2017 年，SAN 手机公司旗下 8 个子公司生产 SAN 手机的月产量和生产费用数据见表 7—10，请你就以下数据进行相关回归分析预测法的分析与计算，并预测以 95.45%的概率保证当月产量为 12 000 部手机时企业的生产费用。

表 7—10　　月产量与生产费用数据表

企业编号	月产量（千部）	生产费用（万元）
1	1.2	62
2	2.0	80
3	3.1	86
4	3.8	110
5	5.1	115
6	6.1	132
7	7.2	135
8	8.0	160
合计	36.4	880

任务分析

在实际经济问题中，某一经济行为常会受到多种因素的影响和制约。市场的发展变化受市场内、外多种因素的影响，市场现象变化与各种影响因素之间存在一定的依存关系，这种关系大多表现为相关关系。根据市场现象自变量与因变量之间存在的相关关系建立变量之间的回归方程，并将回归方程作为预测模型，根据自变量在预测期的数值变化，可以预测因变量在预测期数值变化的结果。

相关知识

一、回归分析预测法的含义

回归分析预测法是在分析市场现象自变量和因变量之间相关关系的基础上，建立变量之间的回归方程，并将回归方程作为预测模型，根据自变量在预测期的数量变化来进行预测。由于因变量关系大多表现为相关关系，因此，回归分析预测法是一种重要的市场预测方法，在对市场现象未来发展状况和水平进行预测时，如果能将影响市场预测对象的主要因素找到，并且能够取得其数量资料，就可以采用回归分析预测法进行预测。回归分析预测法是一种具体的、行之有效的、实用价值很高的常用市场预测方法。

二、回归分析预测法的基本步骤

1. 根据预测目标，确定自变量和因变量

明确预测的具体目标，也就确定了因变量，如预测具体目标是下一年度的销售量，那么销售量就是因变量。通过市场调查和查阅资料，寻找与预测目标相关的影响因素，即自变量，并从中选出主要的影响因素。

2. 建立回归预测模型

依据自变量和因变量的历史统计资料进行计算，在此基础上建立回归分析方程，即回归分析预测模型。

3. 进行相关分析

回归分析是对具有因果关系的影响因素（自变量）和预测对象（因变量）所进行的数据统计分析处理。只有当自变量与因变量确实存在某种关系时，建立的回归方程才有意义。因此，作为自变量的因素与作为因变量的预测对象是否有关，相关程度如何，以及判断这种相关程度的把握性多大，就成为进行回归分析必须要解决的问题。进行相关分析一般要求出相关系数，以相关系数的大小来判断自变量和因变量的相关程度。

4. 检验回归预测模型，计算预测误差

回归预测模型是否可用于实际预测，取决于对回归预测模型的检验和对预测误差的计算。回归方程只有通过各种检验且预测误差较小，才能将回归方程作为预测模型进行预测。

5. 计算并确定预测值

利用回归预测模型计算预测值并对预测值进行综合分析，确定最后的预测值。

三、一元线性回归分析预测法

1. 一元线性回归分析预测法的含义

一元线性回归分析预测法是指成对的两个变量数据的散点图呈现出直线趋势时，采用最小二乘法，找到两者之间的经验公式，即一元线性回归预测模型，然后根据自变量的变化，来估计因变量变化的预测方法。其基本思想是确定直线的方法是最小二乘法，即最有代表性的直线应该是直线到各点的距离最近，然后用这条直线进行预测。实质上，虽然一个变量（称为因变量）受许多因素（称为自变量）的影响，但只有一个起到重要的、关键性的作用。这时若把因变量与自变量在平面坐标系上标出，就可得出一系列点，若点的分布呈现出直线型模式，就可采用一元线性回归预测。两个变量在平面坐标系上所构成点的分布统称为散点图。

2. 一元线性回归分析预测法模型分析

一元线性回归分析预测法是根据自变量 x 和因变量 y 的相关关系，建立 x 与 y 的线性回归方程进行预测的方法。由于市场现象一般是受多种因素的影响，而并不是仅仅受一个因素的影响，所以应用一元线性回归分析预测法，必须对影响市场现象的多种因素做全面分析。

只有当诸多的影响因素中确实存在一个对因变量影响作用明显高于其他因素的变量，才能将它作为自变量应用一元线性回归分析预测法进行预测。

一元线性回归分析预测法的预测模型为：

$$\hat{y}=a+bx$$

式中 x——自变量的值；

$\hat{y}$——因变量的估计值；

a、b——一元线性回归方程的参数。

一元线性回归方程为：

$$y=a+bx$$

式中 x——自变量的实际值；

y——因变量的实际值；

a——常数项；

b——回归系数。

a、b 参数由下列公式求得：

$$\begin{cases} a=\dfrac{\sum y}{n}-b\dfrac{\sum x}{n} \\ b=\dfrac{n\sum xy-\sum x\sum y}{n\sum x^2-(\sum x)^2} \end{cases}$$

将 a、b 代入一元线性回归方程就可以建立预测模型，只要给定 x 值，即可求出预测值 $\hat{y}$。

在回归分析预测法中，需要对 x、y 之间相关程度做出判断，这就要计算相关系数 r。其公式如下：

$$r=\frac{n\sum xy-\sum x\sum y}{\sqrt{[n\sum x^2-(\sum x)^2][n\sum y^2-(\sum y)^2]}}$$

相关系数 r 的特征有：

（1）相关系数取值范围为：$-1\leqslant r\leqslant 1$。

（2）当 $r>0$ 时，称正线性相关，x 上升，y 呈线性增加。当 $r<0$ 时，称负线性相关，x 上升，y 呈线性减少。

（3）$|r|=0$，x 与 y 无线性相关关系；$|r|=1$，存在完全确定的线性相关关系；$0<|r|<1$，x 与 y 存在一定的线性相关关系；$|r|>0.7$，x 与 y 为高度线性相关；$0.3<|r|\leqslant 0.7$，x 与 y 为中度线性相关；$|r|\leqslant 0.3$，x 与 y 为低度线性相关。

3. 模型检验

（1）经济意义检验

经济意义检验就是根据模型中各个参数的经济含义，分析各参数的值是否与分析对象的经济含义相符。

（2）t 检验

t 检验是用 t 分布理论来推论差异发生的概率，从而比较两个平均数的差异是否显著。

（3）拟合优度检验

拟合优度检验是运用判定系数和回归标准差，检验模型对样本观测值的拟合程度。当解释变量为多元时，要使用调整的拟合优度，以解决变量元素增加对拟合优度的影响。

拟合优度检验是检验来自总体中的一类数据其分布是否与某种理论分布相一致的统计方法。例如，要检验一颗骰子是否是均匀的，可以将该骰子抛掷若干次，记录每一面出现的次数，从这些数据出发去检验各面出现的概率是否都是 1/6。

（4）相关系数检验

相关系数检验即样本相关系数与总体相关系数的差异检验。相关系数检验包括两种情况：一种情况是样本相关系数 r 与总体相关系数 ρ 的比较，另一种情况是通过比较两个样本 r 的差异（r_1-r_2）推论各自的总体 ρ_1 和 ρ_2 是否有差异。

任务实施

在本任务中，运用回归分析预测法的实施步骤如下。

一、根据市场预测目的选择和确定自变量和因变量

根据 SAN 手机公司旗下 8 个子公司生产 SAN 手机的月产量和生产费用资料分析，企业的生产费用随着月产量的增加而增加，因此月产量为自变量，生产费用为因变量。

二、建立回归方程预测模型

根据自变量与因变量之间因果关系的关联形态，按照回归分析基本原理，建立回归方程预测模型。本任务主要进行一元线性回归分析，要根据自变量和因变量的数值资料，配合一条回归直线来表示变量间的一般数量变化关系。

一元线性回归方程的经济意义是：a 是当 x 为零时 y 的估计值，b 是当 x 每增加一个单位时 y 增加的数量。

将表 7—10 中的有关数据代入公式，求得 a、b 参数：

$$\begin{cases} a = \dfrac{\sum y}{n} - b\dfrac{\sum x}{n} \\ b = \dfrac{n\sum xy - \sum x \sum y}{n\sum x^2 - (\sum x)^2} \end{cases}$$

解得：$a=51.76$，$b=12.8$

则回归方程预测模型为：$\hat{y}=51.76+12.8x$

这个回归方程的意义是：根据 8 个子公司的产品月产量和生产费用资料求出的回归方程表明，当月产量为零时，生产费用为 51.76 万元，月生产量每增加 1 000 部手机，生产费用平均增加 12.8 万元。根据这个方程式，把 8 个子公司月产量的实际值（x）逐项代入，就可以计算出对应的生产费用的估计值（$\hat{y}$）。计算结果见表 7—11。

表 7—11 相关系数计算表

企业编号	月产量（千吨）x	生产费用（万元）y	x^2	y^2	xy	$\hat{y}$	$(y-\hat{y})^2$
1	1.2	62	1.44	3 844	74.4	67.12	26.21
2	2.0	80	4.00	6 400	160.0	77.36	6.97
3	3.1	86	9.61	7 396	248.0	91.44	29.59
4	3.8	110	14.44	12 100	418.0	100.40	92.16
5	5.1	115	26.01	13 225	586.5	117.04	4.16
6	6.1	132	37.21	17 424	805.2	129.84	4.66
7	7.2	135	51.84	18 225	972.0	143.92	79.56
8	8.0	160	64.00	25 600	1 280.0	154.16	34.1
合计	36.4	880	208.55	104 214	4 556.1	881.28	277.41

三、进行相关分析

对于任何给定的一组自变量和因变量观察值资料，都可以计算出回归方程参数，建立回归方程式。但是这样建立的回归方程并非一定有实际意义。凭借丰富的专业知识和实践经验能从质的方面判断回归方程式是否符合客观规律，但无法从量的方面做出判断。相关分析是从量的方面分析自变量与因变量的相关方向和相关程度。相关分析的方法主要有编制相关表、绘制相关图和计算相关系数。

编制相关表。相关表是根据相关变量的原始数据，按自变量和因变量的对应关系平行排列在一张表格上而形成的统计表。它是相关分析的一种最简单的方法，可以粗略地反映变量之间相关关系的形式和密切程度。

从表 7—10 中可以看出，生产费用（因变量）随着月产量（自变量）的增加而逐渐增加，可判断两者是直线相关关系。

绘制相关图。绘制直角坐标系，横轴代表自变量 x，纵轴代表因变量 y，将 x 和 y 的对应值在直角坐标系中画出坐标点，所有坐标点组成的图形就是相关图。相关图中可以更直观地看出相关关系的类型。本任务中月产量与生产费用相关图如图 7—5 所示。

从相关图可以看出，相关点的分布近似地表现为一条直线，而且关系比较密切，说明月产量与生产费用之间存在着直线相关关系。

计算相关系数。相关分析的重要指标是相关系数，它表明现象之间相关关系的相对密切程度。由于不同现象所涉及的相关因素多少不同以及相关分析目的的差异，相关系数又可以分为直线相关系数、曲线相关系数、复相关系数和偏相关系数四种。本任务主要使用直线相关系数：

$$r = \frac{n\sum xy - \sum x \sum y}{\sqrt{[n\sum x^2 - (\sum x)^2][n\sum y^2 - (\sum y)^2]}}$$

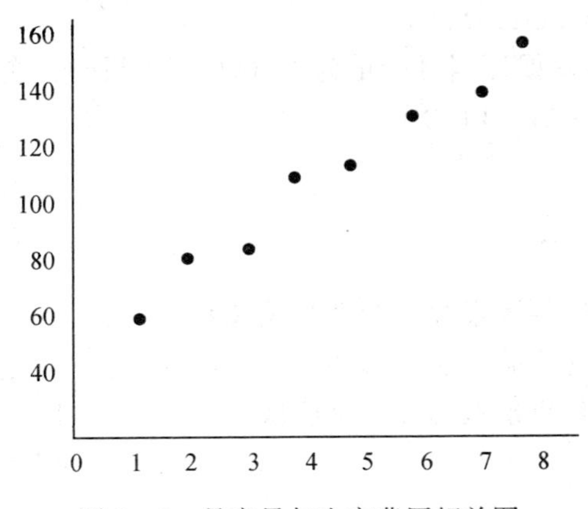

图 7—5　月产量与生产费用相关图

根据表 7—11，将各项数值代入相关系数公式：

$$r=\frac{8\times4\ 556.1-36.4\times880}{\sqrt{[8\times208.55-36.4^2]\ [8\times104\ 214-880^2]}}=0.97$$

计算结果表明，$|r|>0.7$，所以月产量与生产费用之间存在着高度的正相关关系。

四、分析预测误差，确定置信区间

建立回归方程后，可用自变量的观察值计算出因变量的理论值，再利用因变量的理论值与观察值来计算回归误差，作为分析回归预测准确性和确定置信区间的重要依据。

回归误差用回归标准差来表示，它是实际值与估计值离差平方平均数的平方根。用公式表示：

$$S_y=\sqrt{\frac{\sum(y-\hat{y})^2}{n}}$$

将表 7—11 的资料代入回归误差公式：

$$S_y=\sqrt{\frac{\sum(y-\hat{y})^2}{n}}=\sqrt{\frac{277.41}{8}}=5.89\text{（万元）}$$

计算结果表明，8 个企业生产费用的估计值与实际值的平均误差为 5.89 万元。

五、根据回归预测模型计算预测值，并对预测值进行区间估计

根据回归预测模型和给定的自变量的值可计算出因变量的预测值，并可根据回归误差和置信区间对预测值进行区间估计。即：

$$\hat{y}=\pm tS_y$$

式中，t 为概率度，由置信概率来决定。

若想求得以 95.45%的概率（$t=2$）保证当月产量为 12 000 部手机时企业的生产费用所在的区间范围，则：

$$\hat{y}=51.76+12.8\times12=205.36\text{（万元）}$$

估计区间 $\hat{y}=\pm tS_y=205.36\pm2\times5.89$。

即以 95.45%的置信概率保证当月产量为 12 000 部手机时，企业的生产费用所在的回归估计区间范围为 193.58 万~217.14 万元。

思考题

1. 举例说明生活中有哪些因素存在线性相关关系。
2. 回归方程预测模型的检验方法有哪些？
3. 简述一元线性回归分析模型的拟合优度检验。